10歳までに身につけたい

# 子どもが一生困らない 片づけ・そうじのコツ

この生活習慣が、自己管理力を伸ばします

山口由紀子

青春出版社

# 片づけ・そうじは 魔法の力を持っている!

片づけやそうじが苦手な親御さん。
子どもには、その力をつけさせたいと思いませんか?

**生活習慣は子どものうちに身につければ一生モノの宝になります。**
**どうか、学ぶ機会を奪わないでください。**

片づけやそうじで清潔に暮らす力、衛生的な感覚を育てられます。
それは、これからの時代を生き抜くために必要な能力なのです。

どこをどうキレイにするか、何をどう片づけるか、管理するかなどは、
計画性や段取り、実行力などが必要です。ですから…

「優先してやるべきことがわかってできる」「時間を効率的に使える」「自分をコントロールできる」ようになるのです。つまり…

自己管理能力が育つ、ということ。自己管理できる子は、
自然と勉強もできるようになりますよね！

CONTENTS

ピタッ

# 第3章　片づけ・掃除は親が授ける大事な知恵！

**Staff**
カバー＆本文イラスト＆本文デザイン
ササキサキコ
DTP
センターメディア
編集協力
河村ゆかり

# 第1章
# 片づけクイズで「整《せい》理《り》整《せい》頓《とん》」をマスター！

これから「お片《かた》づけ」のクイズをはじめます！けっこう難《むずか》しいわよできるかな？
だいじょうぶ！いつもボクお片づけしてるからね！
え～片づけ大きらい！
いつもママに片づけなさいっておこられているんだよね～

# クイズ 1

## 「学習机《がくしゅうづくえ》の上に置《お》いちゃダメ」なものはどれだ？

教科書《きょうかしょ》、ノート、文房具《ぶんぼうぐ》、学校《がっこう》から持《も》ち帰《かえ》ったプリント
ゲームにおもちゃ、本《ほん》、おじいちゃんと撮《と》った写真《しゃしん》…
学習机《がくしゅうづくえ》の上に置いちゃダメなものは、どれ？

# こ　た　え

「机」に

学習机《がくしゅうづくえ》の上には、
文房具《ぶんぼうぐ》や学校《がっこう》のものだけ
置《お》くと勉強《べんきょう》しやすいよ！

写真《しゃしん》…「アルバム」に

お金で買《か》えない
"思《おも》い出《で》"は
大切《たいせつ》に保管《ほかん》してね！

本…

「本棚《ほんだな》」へ

本は本棚に
もどしてね！

おもちゃ…

「おもちゃ」箱《ばこ》に

おもちゃはおもちゃ箱に
もどせば、なくならないから、
いつでも遊《あそ》べるよ！

プリント類《るい》…

「大人《おとな》」に

プリントは
その日のうちに
大人にわたそう！

## 採点表

「置いちゃダメ！」の正解《せいかい》の数

| 0～1個 | 2～4個 | 5個 |
|---|---|---|
| × | △ | ○ |

## クイズ 2

# だれもいない子ども部屋《べや》…「それはダメ！」はどんなこと？

片《かた》づけていない子ども部屋《べや》の
「それはダメ！」と思うところを探《さが》してみよう。
机《つくえ》やイス、床《ゆか》の上、引《ひ》き出《だ》しなどに注目《ちゅうもく》！

# こたえ

**開《あ》けっぱなしの引き出し**
机の引き出しは、
ものをしまったら
きちんとしめてね！

**使《つか》いっぱなしの道具《どうぐ》**
消《け》しゴムやペンは、
引き出しか
ペン立てに！

**脱《ぬ》ぎっぱなしの服《ふく》**
脱《ぬ》いだ服《ふく》や
ソックスは
洗濯機《せんたくき》へ！

**床《ゆか》にちらかったもの**
床《ゆか》に落ちたものは
ひろってね！

**置《お》きっぱなしの食《た》べもの**
飲《の》みかけのジュースは
飲みきって、空《あ》いたグラスは
キッチンへ！

## 採点表

「それはダメ！」の正解《せいかい》の数

| 0～1個 | 2～4個 | 5個 |
| --- | --- | --- |
| × | △ | ○ |

# クイズ 3

## ゴミの分別《ぶんべつ》、できるかな？

①スーパーのビニール袋《ぶくろ》　②ペットボトル
③クッキーのカン　④リンゴ　⑤使《つか》ったティッシュ　を、
「もえるゴミ」「リサイクル」「もえないゴミ」に分別してみてね！

# こたえ

自分《じぶん》が住《す》んでいる市町村《しちょうそん》のルールにのっとって分別《ぶんべつ》してね！

**もえるゴミ**　紙、木、生ごみなど

④

⑤

**もえないゴミ**　「もえるゴミ」といっしょの市町村も

①

③
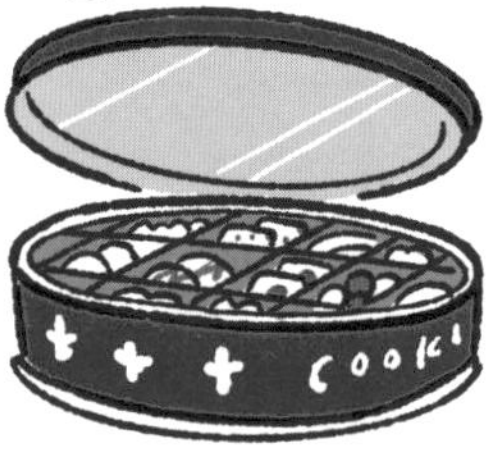

**リサイクル**　ビン、カン、ペットボトルなど

②

キレイに洗《あら》ってから出してね！

まよったときは大人《おとな》に聞《き》こう！

## 採点表

「ゴミの分別」の正解《せいかい》の数

| 0～1個 | 2～4個 | 5個 |
|---|---|---|
| × | △ | ○ |

# クイズ4

## 文房具《ぶんぼうぐ》のグループわかるかな？

使《つか》いやすいように、文房具はグループに分《わ》けておこう！
①～⑩のアイテムを、「貼《は》るもの」「書《か》くもの」
「留《と》めるもの」「切《き》るもの」の４種類《しゅるい》に分けられるかな？

# こたえ

## 貼《は》るもの

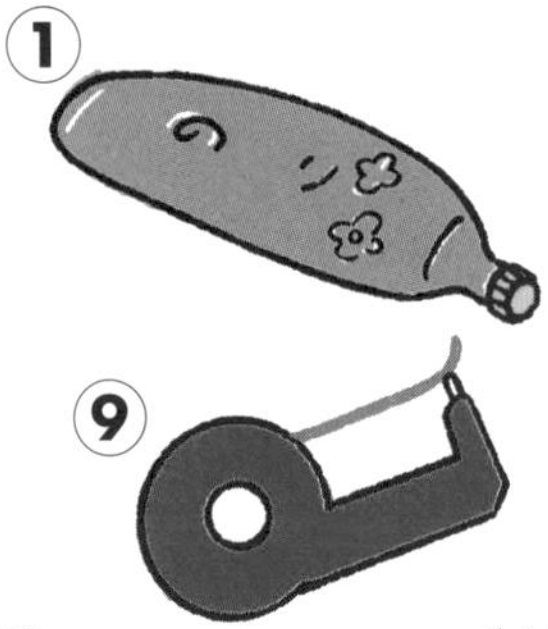


同《おな》じグループでしまう場所《ばしょ》を決《き》めておくと便利《べんり》だよ！

## 書《か》くもの

ペン立《た》てやクレヨンの箱《はこ》にもどそうね！

## 留《と》めるもの

細《こま》かいものは小《ちい》さな入《い》れものに入れるといいよ！

## 切《き》るもの

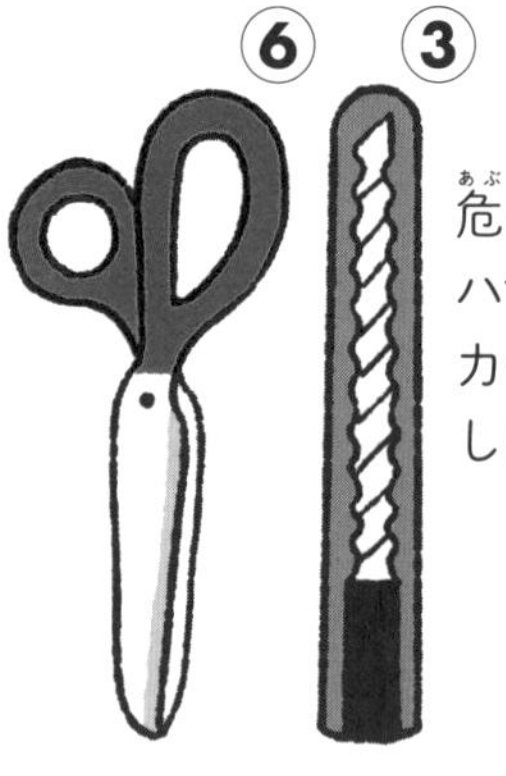


危《あぶ》ないからハサミはとじてカッターは刃《は》をしまってね！

## 採点表

「文房具《ぶんぼうぐ》のグループ」の正解《せいかい》の数

| 0～1個 | 2～7個 | 8～10個 |
|---|---|---|
| × | △ | ○ |

クイズ 5

# シャツのたたみ方 最初にどうする?

シャツをじょうずにたためるかな?
まず最初《さいしょ》にすることは、①そでを折《お》る
②身頃《みごろ》を半分《はんぶん》に折る　③丸《まる》める　どれだと思《おも》う?

# こたえ

## ① そでを折る

この方法《ほうほう》だと
しまいやすいのよ！

○

先《さき》にシャツのそでを折《お》るのが正解《せいかい》だよ！


## ② 半分に折る

△

そでが出ていると
キレイに
たためないのよ

## ③ くるくる丸める

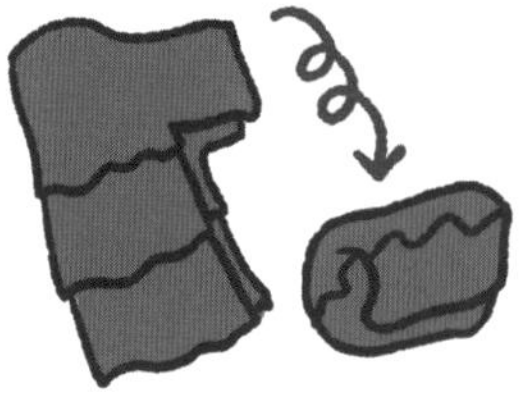

×

クシャクシャになっちゃったわね…


## 採点表

「シャツのたたみ方」の解答《かいとう》

| まるめる | 半分に折る | そでを折る |
|---|---|---|
| × | △ | ○ |

COLUMN

# シャツのたたみ方

せなか側《がわ》を上にして
シャツを広げ
そでの部分《ぶぶん》を
身頃《みごろ》側に折《お》り
四角《しかく》になるように！

下《した》 1/3 を
上に向かって折る
&
上 1/3 を
下に向かって折る

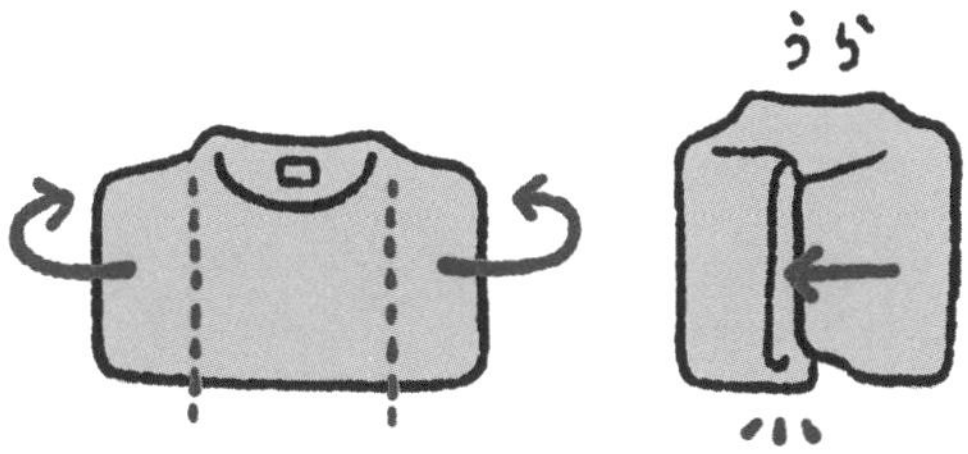


身幅《みはば》の 1/3 になる部分を
目安《めやす》に折る
先に折ったところを
“ポケット” にして
もう片方《かたほう》を
入れ込んだら
できあがり！

“自立《じりつ》” するから
しまいやすいよ！

※ T シャツもシャツも基本的には同じです。
長袖も上辺と底辺を同じにすればいいだけなので、
同じ要領でできます

COLUMN

## ソックスのたたみ方

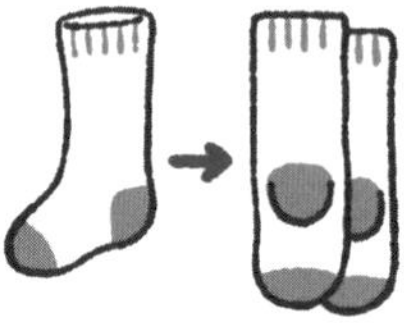

ソックスを
はくときの形《かたち》に広《ひろ》げて
かかとの部分《ぶぶん》を寝《ね》かせて
左右《さゆう》のソックスを
重《かさ》ねる

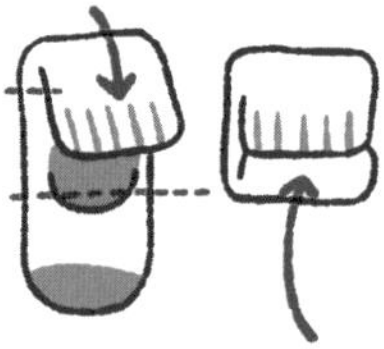

1/3 のところで
折《お》り上《あ》げ&
折《お》り下《さ》げてたたむ

この方法《ほうほう》なら
ソックスのゴムが
のびないし
片方《かたほう》だけ
迷子《まいご》にならないよ！

## ハンガーのかけ方

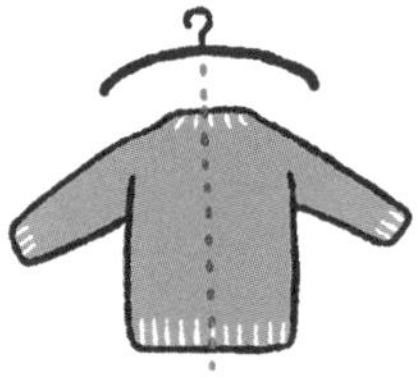

ハンガーのセンターと
カーディガンの
後ろ首《くび》の中心を
合《あ》わせてかける

前《まえ》のボタンは
必ずはめること！

これなら
ずり落ちる
心配《しんぱい》がないよ！

# クイズ 6

## 取《と》っておくもの、捨《す》てるもの 選《えら》んでみよう

①終《お》わった参観日《さんかんび》のプリント　②今月《こんげつ》の給食《きゅうしょく》のこんだて表
③友だちからの誕生日《たんじょうび》カード　④少ししか使っていないノート
⑤穴《あな》のあいたソックス…　取っておく？　それとも捨《す》てる？

# こ　た　え

**捨《す》てるもの**　①⑤

**① もう時期《じき》が過《す》ぎたもの**
**➡終わった参観日《さんかんび》のプリント**
もういらない“情報《じょうほう》”は捨《す》てよう

**⑤ もう使《つか》えなくなったもの**
**➡穴《あな》のあいたソックス**
もうはけないから処分《しょぶん》。
「ありがとう」のひと言《こと》をそえてね

**取っておくもの**　②③④

**② “今”必要《ひつよう》な情報《じょうほう》**
**➡今月《こんげつ》の給食《きゅうしょく》のこんだて表**
来月《らいげつ》になったら捨てよう

**③ お金《かね》じゃ買《か》えないもの**
**➡お友《とも》だちからの誕生日《たんじょうび》カード**
次の誕生日までとっておこう

**④ まだ使えるもの**
**➡少ししか使っていないノート**
もったいない！　最後《さいご》まで使おうね

## 採点表

「取っておくもの・捨てるもの」の正解《せいかい》の数

| 0～1個 | 2～4個 | 5個 |
|---|---|---|
| ✕ | △ | ○ |

# クイズ 7

## 5個いらないものを捨《す》てるならどれ？

①返《かえ》されたテスト　②写真《しゃしん》　③文房具《ぶんぼうぐ》　④昔《むかし》のおもちゃの説明書《せつめいしょ》
⑤空《から》のペットボトル　⑥使《つか》ったティッシュ　⑦友だちに借《か》りた本《ほん》
⑧何かわからないコード　⑨使わないゲーム機…　5個捨ててみよう！

# こたえ

## 捨《す》てるものはこれ！

もう使《つか》わないもの
使えないもの

4

8

9

物《もの》であれ
情報《じょうほう》であれ
もう必要《ひつよう》ないものは
手放《てばな》して！

ゴミのルールに
のっとって
捨《す》ててね

5

6

それはゴミ！

## 捨てないものは「正しい場所」にもどそう！

1

かくさずにママに見せて

2
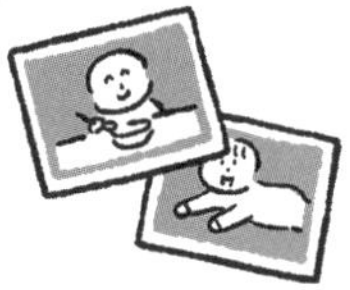

アルバムにしまおう

3

文房具《ぶんぼうぐ》の引き出しに

7

お友だちに返《かえ》して

## 採点表

「捨てるもの５個」の正解《せいかい》の数

| ０～１個 | ２～４個 | ５個 |
|---|---|---|
| ✕ | △ | ○ |

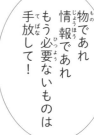

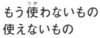

# パパ＆ママへのクイズ

## おもちゃ箱がいっぱい…
## どう子どもに声をかける？

パパやママが「おもちゃ箱がいっぱいだから捨てよう！」と
言ったら、子どもはあの手この手で抵抗して…。
以下の４パターン、それぞれ、どう声がけしたらよい？

# こ　た　え

おもちゃは
あなたのものだから
自分でどうするか決めよう！

いらないものを
捨《す》てることも
とっても大事《だいじ》なこと！

大事《だいじ》にしてくれる人の
ところにいけば
おもちゃもうれしいよね！

新しいおもちゃが
入らないけど
ほんとうにいいのかな？

子どもに片づけ&そうじのしつけをしないと、
子ども自身が一生困ることに…。
パパやママの働きかけがとっても大切です！

# 第2章
# そうじゲームで「きれい」の達人になるのだ！

さあ、次《つぎ》はおそうじのゲームをするわよ！
なんだかめんどうくさそう…
おそうじなんて、したことないよ
おそうじしたら、何《なに》かいいことあるかな？

STAGE1

# 掃除機《そうじき》の使い方を攻略《こうりゃく》せよ！

## MISSION ▶ 新聞紙《しんぶんし》を1cm角《かく》にするのだ！

SCORE ▶ 小《ちい》さくなった新聞紙《しんぶんし》
掃除機《そうじき》に吸《す》わせられるかな？

え～ ぜんぜん
吸えないよ
スイッチ
入れたのに…
半分くらいは
吸えたけど
むずかしい～
ぜんぶ吸えたよ～
こんなにキレイ！
ピタッ
うふふ
スイッチを
入れればいい
というわけじゃ
ないのよ！

# まず掃除機《そうじき》の扱《あつか》い方をマスター

# 掃除機の使い方3ステップ！

最初《さいしょ》に
窓《まど》を開《あ》けます！
窓のほうに
掃除機の排気口《はいきこう》を
向《む》けてね

先《さき》に
部屋《へや》のすみに
たまったホコリを
吸いとります

奥
ヘッドを
かべに
そわせて
手前

次《つぎ》に、奥《おく》から
手前《てまえ》に向かって
あとずさりしながら
掃除機を
かけていくのよ！

手前に
引くときに
ゴミを吸う！
奥
手前

## こんなときは掃除機《そうじき》の出番《でばん》！

子ども部屋は
自分で掃除機を
かけてね

おやつの後《あと》の
床《ゆか》の食べこぼしに！

パソコンの
キーボードにも！

ハンディタイプなら
消しゴムカスもラクに取れる！

# ホウキでゴミを集めるのだ！

MISSION▶ 新聞紙《しんぶんし》をちぎりまくれ！

## SCORE▶ ホウキをじょうずに使えるかな？

ときどき
ゴミが飛《と》んでいくね
でもコツをつかめば
だいじょうぶよ！
△
わはは！ ホウキを
初《はじ》めて持《も》つと
みんなこうなるね
×
○
すごい！
ゴミがちゃんと
集《あつ》まっているね
ホウキではいて
ゴミを捨《す》てるまで
ぜんぶマスターしよう！

# ホウキでそうじするときのポイント

ホウキの先《さき》
（穂先《ほさき》）をずっと
床《ゆか》やタタミにつけて
穂先の弾力《だんりょく》でゴミを
集《あつ》めて移動《いどう》するの！

部屋《へや》の四隅《よすみ》から
スタート！
次《つぎ》に奥《おく》から手前《てまえ》に
向《む》かって
ゴミを
はいていってね
奥
手前

次は
集めたゴミを
チリトリに
入れるわよ！

# ホウキで集めたゴミはチリトリへ！

ゴミの手前《てまえ》にチリトリを置《お》くよ。チリトリは先の部分《ぶぶん》をしっかり床《ゆか》にあててすき間《ま》なく!!
ピタッ
チリトリの上にゴミがのるようにホウキをチョコチョコ動《うご》かしてね！
チリトリがなければウチワを代《か》わりに使ってみてもいいよ！

## こんなときはホウキの出番《でばん》！

カーペットの中の
細《こま》かいホコリも
キビ草《ぐさ》のホウキならOK！

フローリングの部屋《へや》は
シュロっていう植物《しょくぶつ》で作《つく》った
ホウキがいいんだよ

## たまにはホウキのお手入れも！

ホウキの穂先《ほさき》を
霧吹《きりふ》き（水の入った
スプレー）で湿《しめ》らせる

ホウキの
水気《みずけ》をタオルでとる

洗《あら》ったホウキを
風通《かぜとお》しのよい
日陰《ひかげ》で干《は》す

# ハタキ、かけられるかな？

## MISSION ▶「ハタキ」の使《つか》い方《かた》を解明《かいめい》せよ！

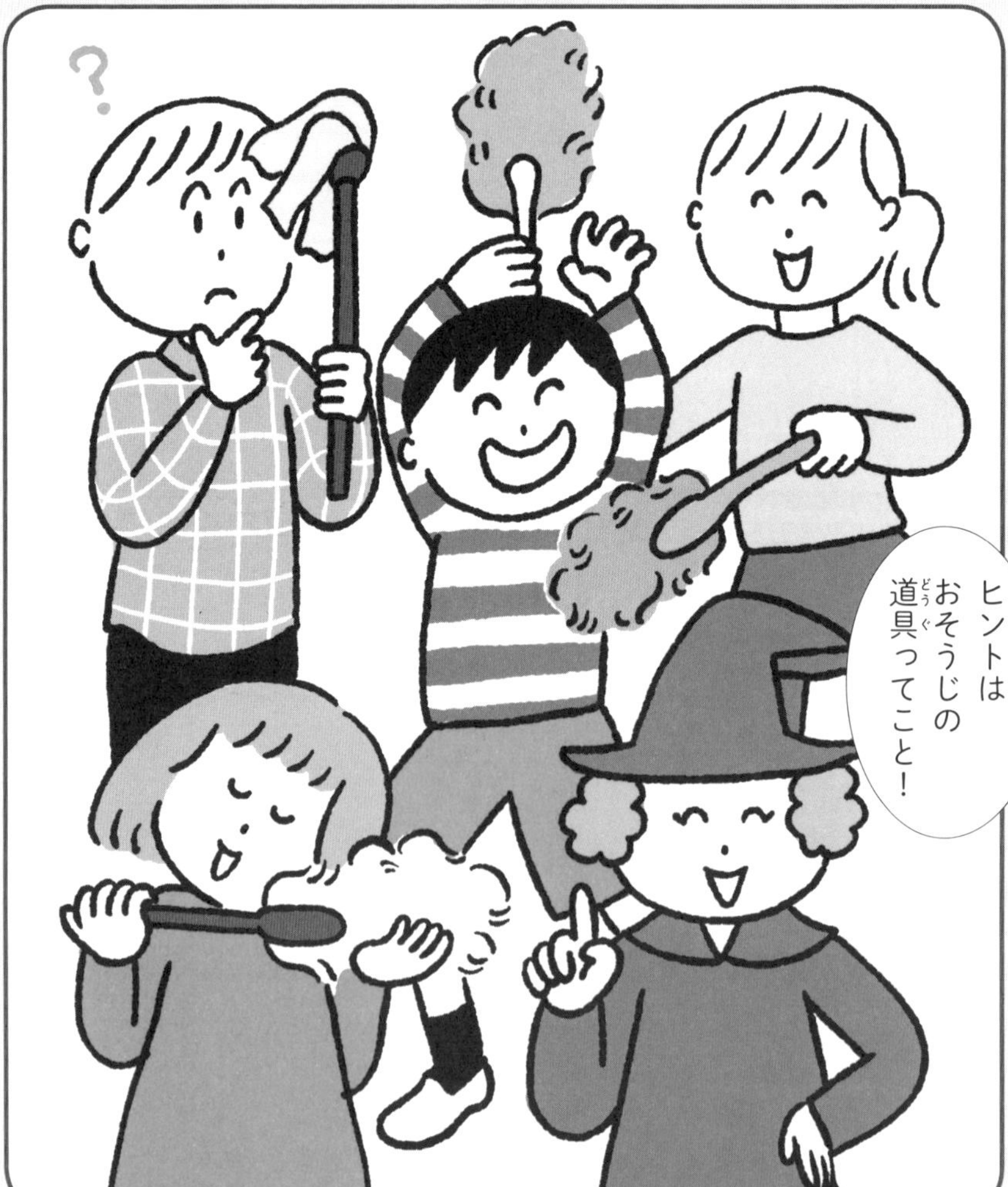
ヒントはおそうじの道具《どうぐ》ってこと！

# SCORE▶「ハタキ」の使い方あれこれ

おやおや
床《ゆか》をはく役目《やくめ》は
ホウキだよ！
テーブルを
拭《ふ》くのは
フキンのほうが
いいよ！
じかんわり
そうなの！
かべのホコリも
ハタキでとれるのよ！
ハタキは
すごく便利《べんり》だから
ぜひ使い方を
覚《おぼ》えよう！

おそうじ魔女の 解説

# ハタキは「ホコリを取る道具」

ハタキには
「ホコリをはたき出すもの」
「ホコリを吸着《きゅうちゃく》させるもの」の
2種類《しゅるい》あるよ！
ホコリを吸着するもの
ホコリをはたき出すもの

使《つか》う前《まえ》に回《まわ》すと
静電気《せいでんき》がおきるヨ！
クル
クル
「ホコリを吸着させるハタキ」は
静電気で
ホコリをとるのだ！

ホコリをおとして
水洗い
汚《よご》れがめだってきたら
ホコリをおとし、
水洗《みずあら》いして水気《みずけ》を
とって陰干《かげぼ》し！

# ハタキの正しい使い方

広いかべ
かべにもホコリがくっついているよ！
「上から下へ」がそうじの基本《きほん》！
やさしくなでるように

狭《せま》いすき間《ま》
横にすべらせるようにして
ホコリはどんな場所《ばしょ》にもふりつもるよ！

細かいデコボコ
奥《おく》にひそんだホコリもキャッチ！
キーボードのすき間をコチョコチョくすぐるみたいに！

## こんなときはハタキの出番《でばん》！

テレビの裏《うら》など
手《て》が届《とど》きにくいところの
ホコリがとれるよ

コンセントの
まわりもホコリがいっぱい！

リモコンも
意外《いがい》と汚《よご》れているよ！

ふすまの表面《ひょうめん》にも
ハタキをかけてね

ブラインドの
そうじにはハタキが最適《さいてき》！

障子《しょうじ》のさんのホコリを
はたいておとす！

Column

# ホコリとゴミのちがいは何《なに》？

ゴミ
目《め》で見《み》えて
ゴミ箱へ入れられるもの
ホコリ
空気中《くうきちゅう》にフワフワと
浮《う》いて軽いもの
ダニ
カビ
有害《ゆうがい》なミクロのホコリ
ハウスダスト
どんなにキレイに
そうじしても
10畳《じょう》あたり空気中の
カビは2万個《こ》以上《いじょう》
いるんだって！

Column

## なんでホコリをためちゃダメなの？

「ホコリじゃ死《し》なない」って聞《き》いたことあるよ！
ハウスダストの中のダニやカビはアレルギーの原因《げんいん》に！
しかもダニやカビは生《い》き物《もの》！何もしないとどんどん増《ふ》える！
つまり「ホコリをためていいこと」なんてひとつもないの
…がんばってそうじします

STAGE4

# ぞうきんやフキン、しぼれるかな?

MISSION ▶ ぞうきんを
力いっぱいしぼれ！

## SCORE▶ ぞうきん、どれだけしぼれたかな？

おしい！
両方が順手《じゅんて》
（手の甲《こう》が上）で
横に持つだけだと
力が入らないの
ぞうきんを
まるめてギュ！
「おにぎりしぼり」
では、しっかり
しぼれない…
えらい！
正しく
「たてしぼり」
できたね！
ぞうきんの
水気はしっかり
とってね！

おそうじ魔女の 解説

# ぞうきんやフキンは かたくしぼるとそうじがラク！

# ぞうきんやフキンは「たてしぼり」が正解！

ぞうきんを
くるくるとまるめ
たてに
上下《じょうげ》に手《て》をそえてね

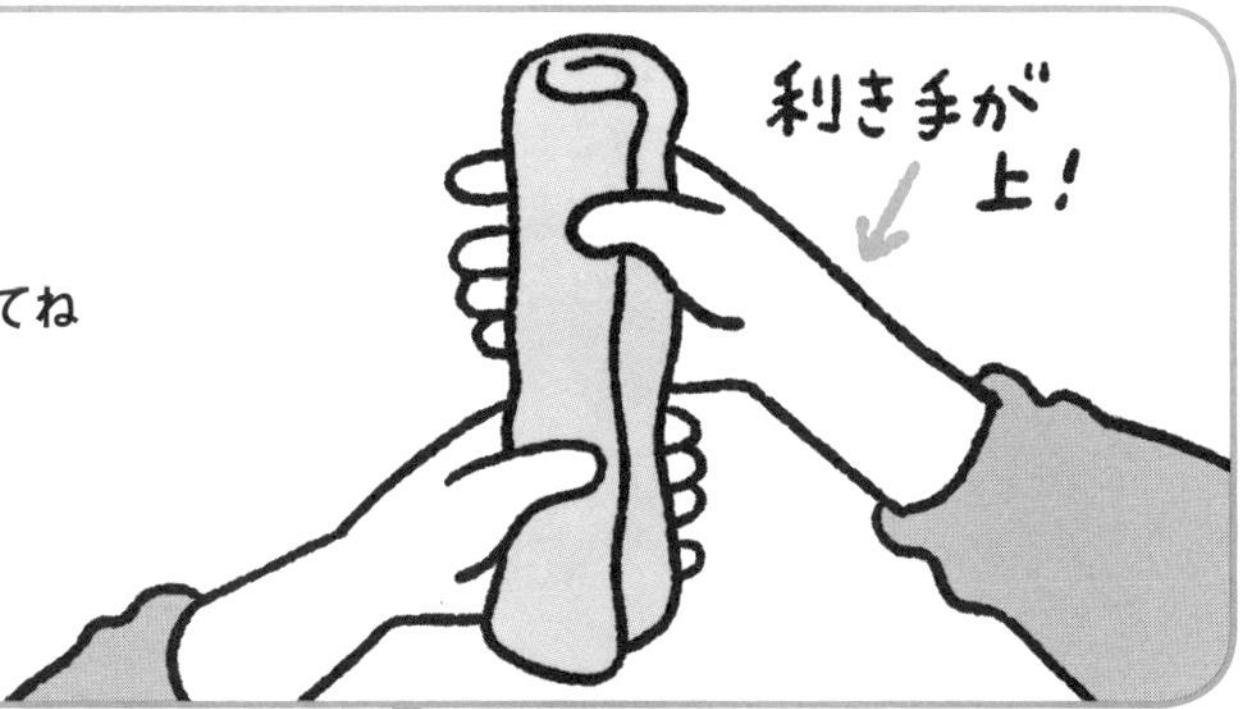
利き手が上！

上《うえ》の手《て》は向《む》こう側《がわ》
下《した》の手《て》は手前《てまえ》にと
逆向《ぎゃくむ》きにひねる

脇《わき》をしめて
向こう側に
押すように
上下
逆向きにひねると
よく力《ちから》が入《はい》るよ！

ぎゅ〜っとしぼったら、下の手を
持《も》ちなおしてもう1〜2回
しっかりとしぼってね

ぎゅーっ
1回だけじゃ
しぼりきれないから
もう1回「ぎゅ！」

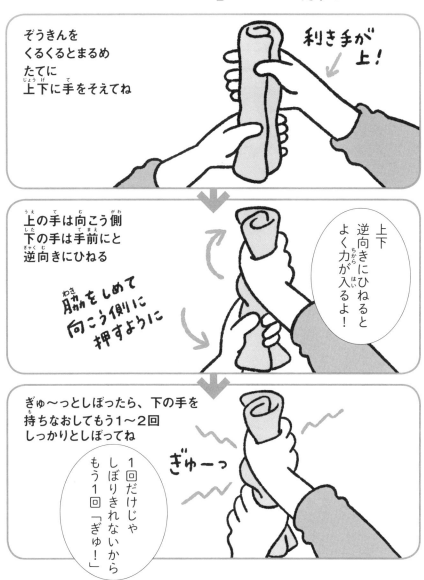

## こんなときは、ぞうきんやフキンの出番《でばん》！

床を
キレイにするには
ぞうきんで拭《ふ》くにかぎる！

うっかりジュースや
牛乳《ぎゅうにゅう》をこぼしたときには
フキンで拭《ふ》いてね

キレイにしぼった
フキンで
テーブルを拭《ふ》こう！

ドアも手アカなどで
けっこう
汚《よご》れているよ！

IMUNICATIONS

青春
第108回「神
静かに
シッ
こう？
…
いつかしらねぇ…
©R&S C

STAGE5

# フキンでテーブル拭《ふ》き、できるかな？

## MISSION ▶ さあテーブルを拭《ふ》くのだ！

# SCORE▶ テーブル拭《ふ》きにも コツが！

これじゃ すみずみまで 拭《ふ》けないね
うーん ホコリが 散《ち》らかる だけかも…
いいネ！ 最後《さいご》の仕上《しあ》げを したらカンペキ！
じゃあ正《ただ》しい テーブルの拭《ふ》き方 教《おし》えるよ〜

# フキンを正しくたたもう

# テーブルの拭き方3ステップ!

キレイに
たたんだフキンを
テーブルの上に置《お》き
その上に手のひらを
パーでのせる

テーブル拭《ふ》き
スタート!
「コ」の字に拭《ふ》くのが
ポイントよ!

フキンを
ひっくり返して
キレイな面《めん》に
して…

最後《さいご》はテーブルの縁《ふち》を
つかむようにして
周囲《しゅうい》をぐるっと
1周して完了《かんりょう》!

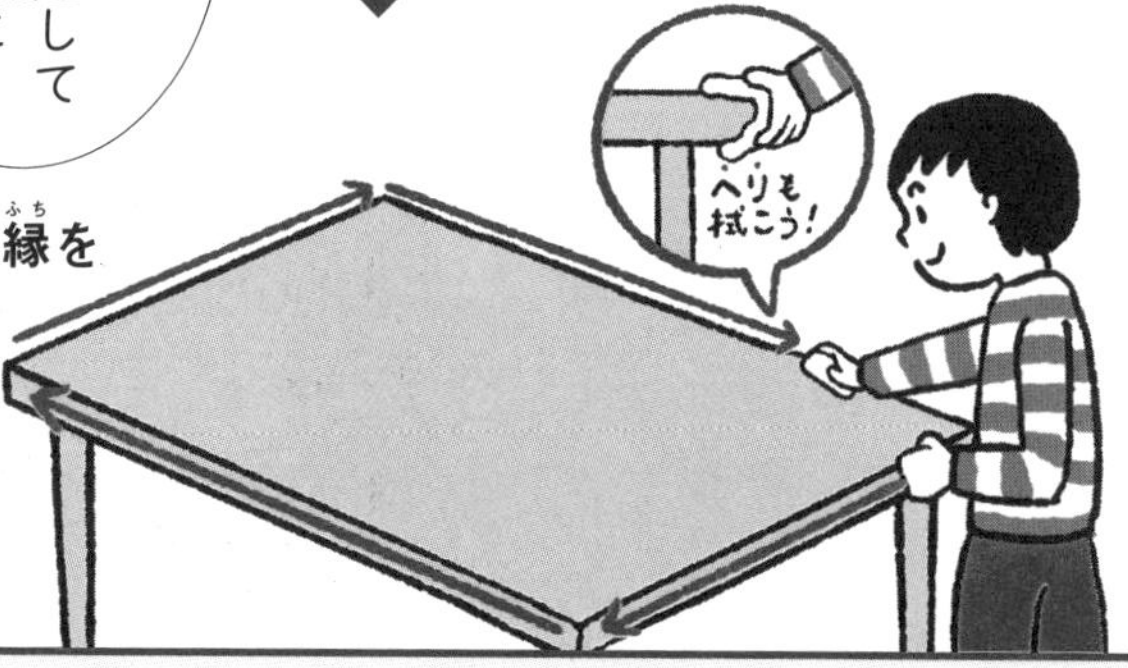

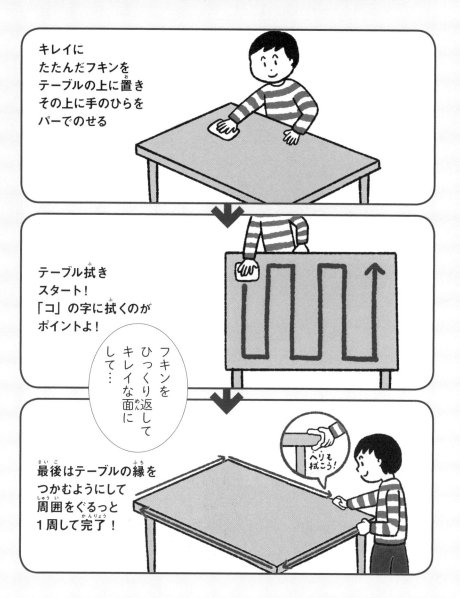

Column

# Tシャツで「ウエス」を作ろう！

# ウエスの作り方はカンタン！

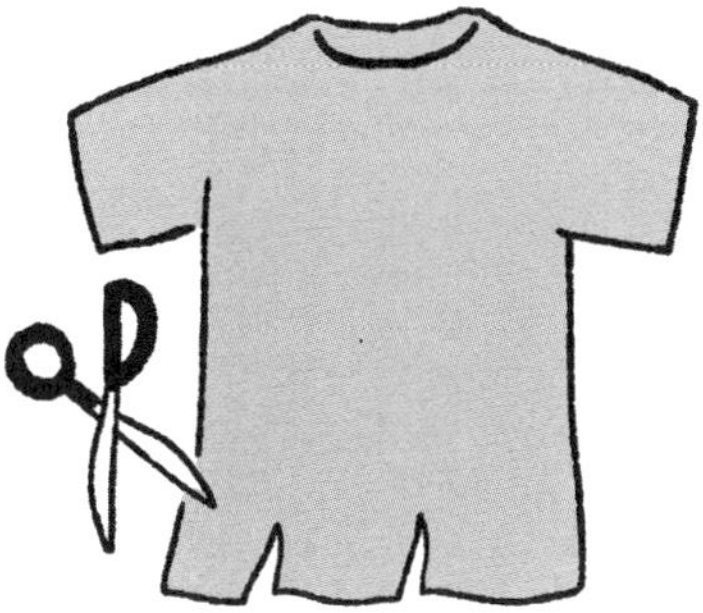

Tシャツのすそに何《なん》カ所《しょ》か
ハサミで切《き》れ込《こ》みを入れる

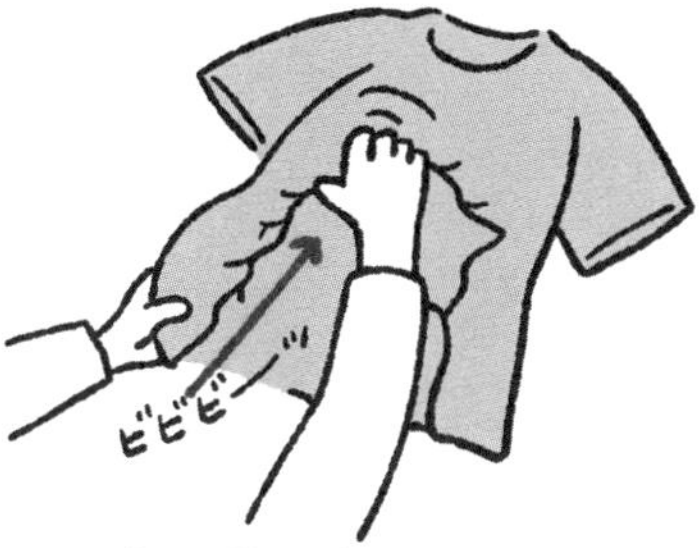


切れ込みを
入れたところを裂《さ》く

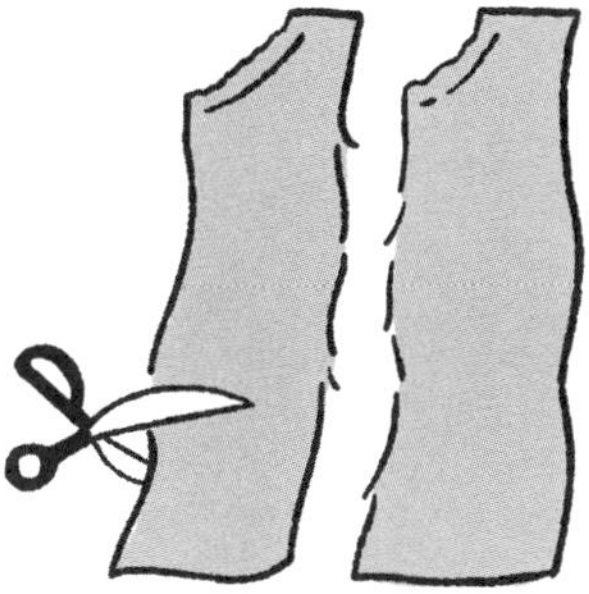

適当《てきとう》な大きさに
カットしたら、でき上がり！

Column

## 優《すぐ》れものぞうきん！　脱水《だっすい》タオルのススメ

STAGE6

# 水切《みずき》りワイパーで水気《みずけ》を切ろう！

## MISSION ▶「水切《みずき》りワイパー」が何《なん》の道具《どうぐ》か探《さぐ》れ!

# SCORE ▶ 水切りワイパーの使い方を採点《さいてん》！

なるほど〜
おもしろい
アイデアだけど
ちょっとちがうなあ
残念《ざんねん》！ これは「水切りワイパー」といって水気《みずけ》のある場所《ばしょ》で使うものなのよ
水切りワイパーは使いはじめると手放《てばな》せない〝そうじ道具〟だよ！
ママが使うのを見てるから知《し》ってるよ〜！

# 水切《みずき》りワイパーは「水気《みずけ》がすっきり切れる」道具

# 水切りワイパーの上手な使い方

窓《まど》に
水《みず》スプレーをかけたら
水切りワイパーの
ゴムの部分《ぶぶん》を
ガラスにピタッとつけて
下《した》におろす

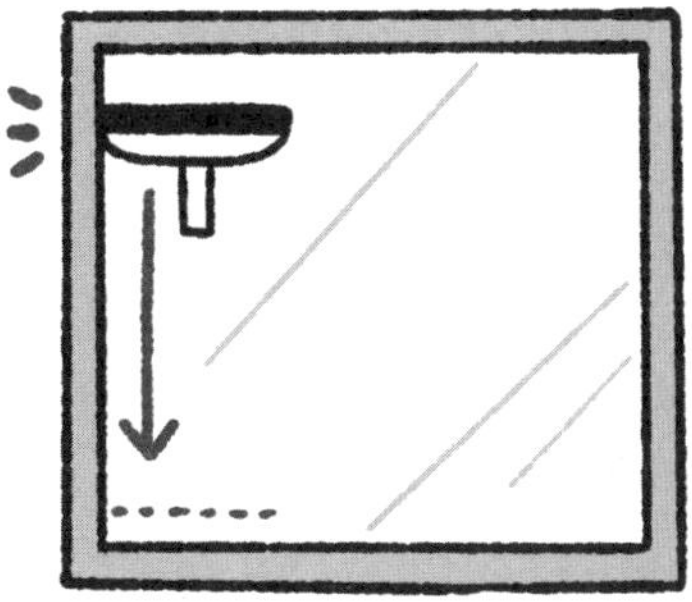

同《おな》じように
上《うえ》から下に向かって
何度《なんど》もくり返す

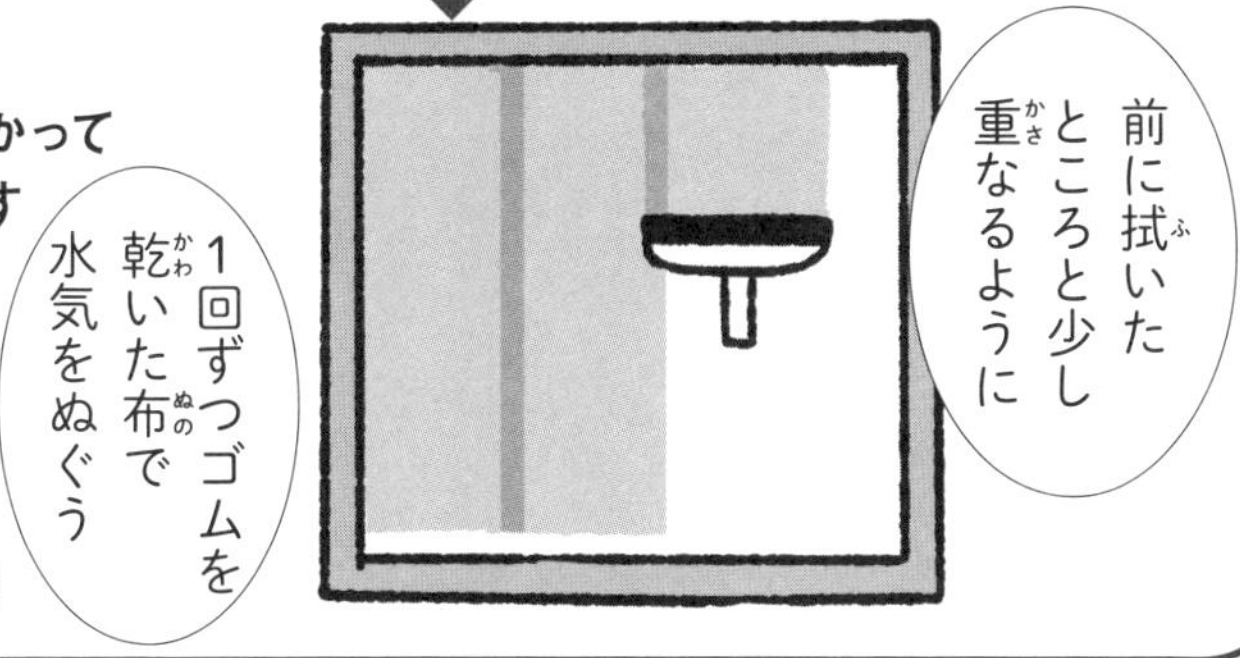
1回ずつゴムを
乾《かわ》いた布《ぬの》で
水気をぬぐう
前に拭《ふ》いた
ところと少し
重《かさ》なるように

最後《さいご》に
残《のこ》した下の部分を
真横《まよこ》にぬぐう

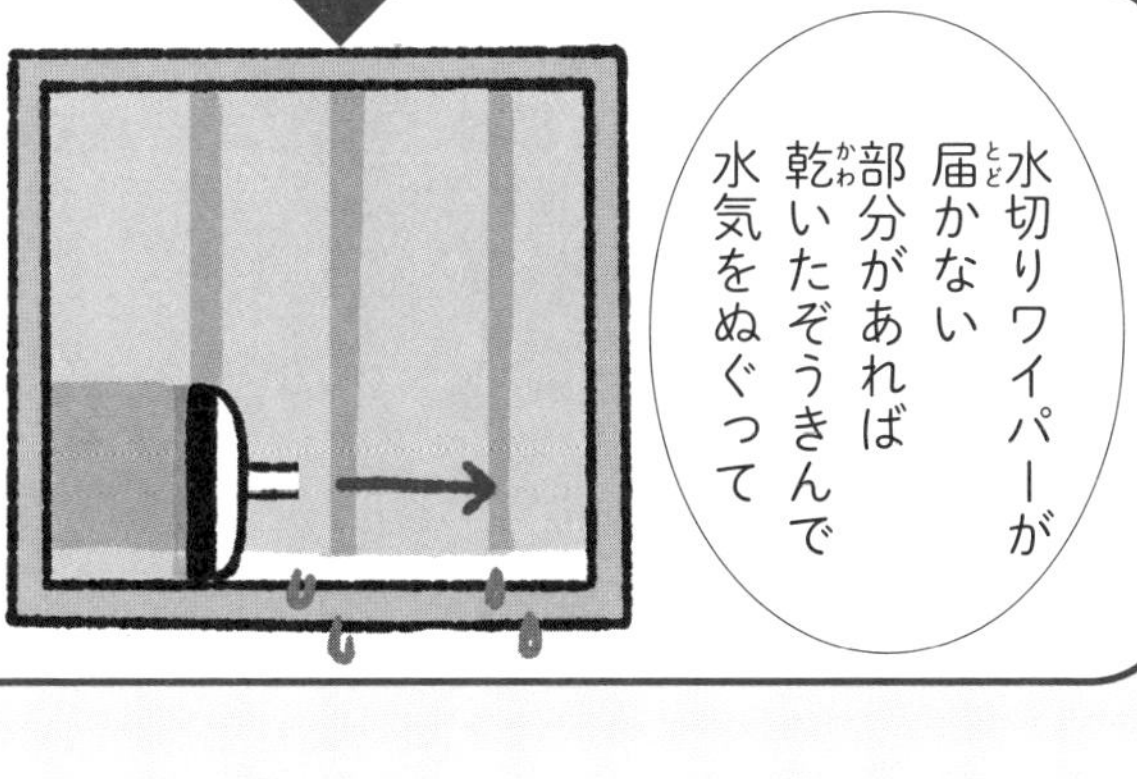
水切りワイパーが
届《とど》かない
部分があれば
乾《かわ》いたぞうきんで
水気をぬぐって

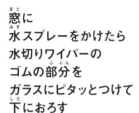

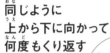

## こんなときは水切りワイパーの出番《でばん》！

台所《だいどころ》のシンクは
いつでも水気がない状態《じょうたい》に
するのがキレイのコツ！

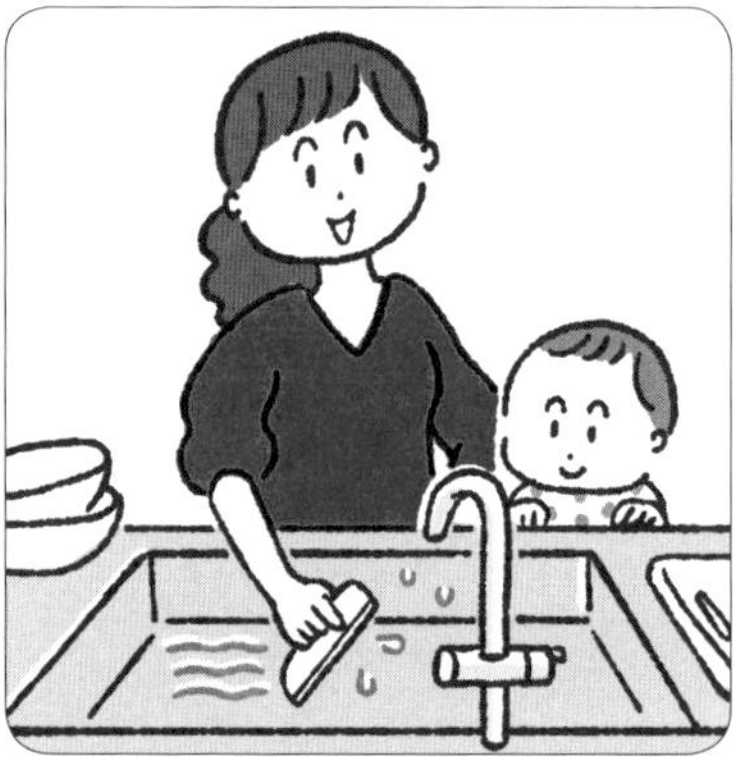

最後《さいご》にお風呂《ふろ》に入った人《ひと》が
かべや浴槽《よくそう》をひとなでして
水気《みずけ》をとればカビ知《し》らず

水切りワイパーは
あると便利な
お掃除グッズよ！
便利！

洗面台《せんめんだい》の鏡は
常《つね》に水気をとって
ピカピカに！

STAGE7

# トイレブラシの使《つか》い方《かた》を学《まな》べ！

## MISSION ▶「トイレブラシ」はどう使《つか》う？

# SCORE▶「トイレブラシ」の使い方を採点《さいてん》！

トイレブラシを使う前に…

# トイレのことをお勉強《べんきょう》！

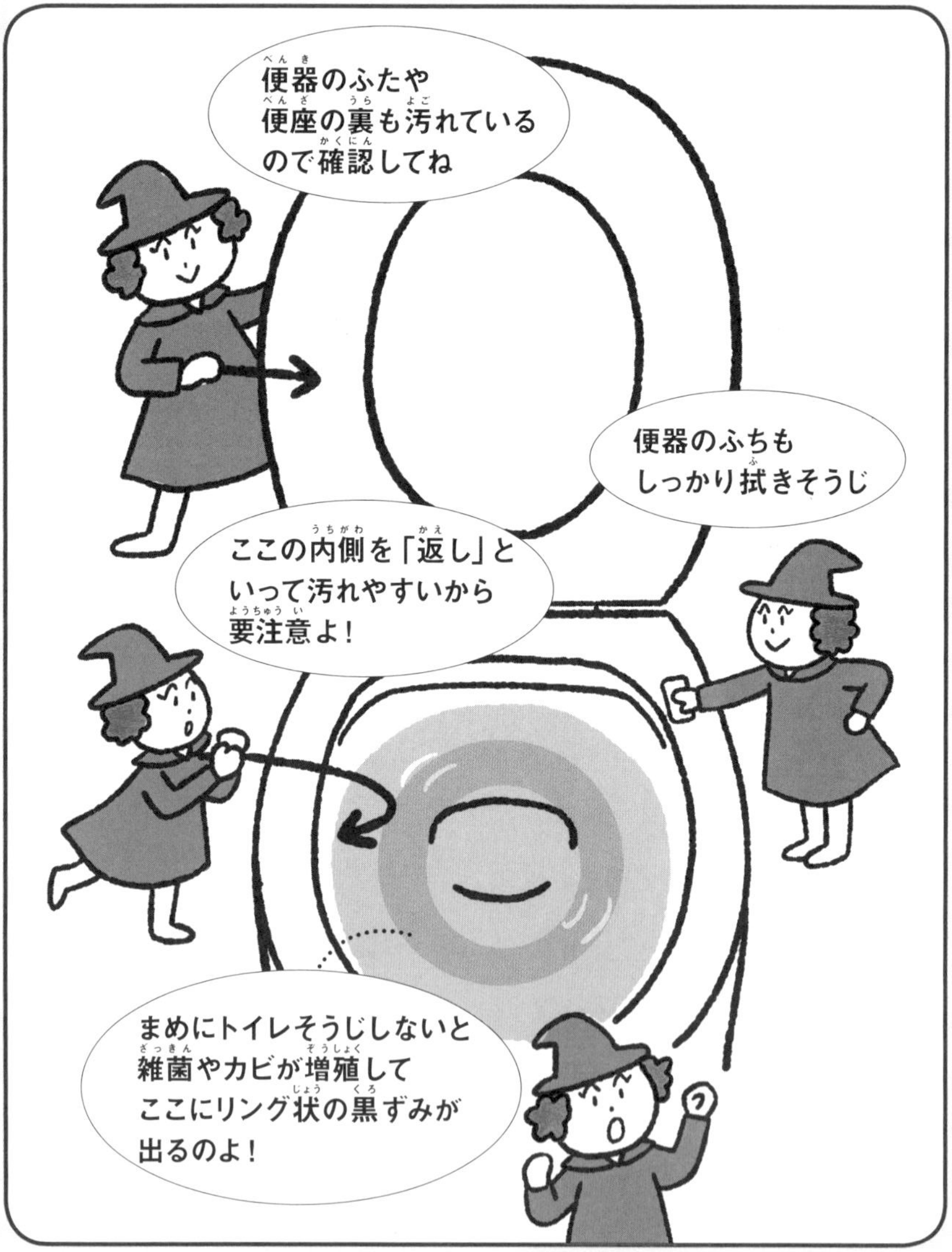
便器《べんき》のふたや
便座《べんざ》の裏《うら》も汚《よご》れている
ので確認《かくにん》してね
便器のふちも
しっかり拭《ふ》きそうじ
ここの内側《うちがわ》を「返《かえ》し」と
いって汚れやすいから
要注意《ようちゅうい》よ！
まめにトイレそうじしないと
雑菌《ざっきん》やカビが増殖《ぞうしょく》して
ここにリング状《じょう》の黒《くろ》ずみが
出るのよ！

# トイレブラシは便器の中をそうじするもの

まず
便器のふたと
便座をあげてね
便器のふたや
便座は同じブラシで
こすらないで！
あんまり
ゴシゴシすると
便器を
傷《きず》つけるから
やさしくね
トイレ用洗剤《せんざい》をまき
便器の中、返しなど
水がたまっているところを
まんべんなくブラシでこする
おしっこや
うんちのたび
ささっとブラシで
ひとなですれば
いつもキレイ！
ブラシを洗《あら》ったら
重《かさ》ねたトイレットペーパーで
ブラシを拭《ふ》き
もと通《どお》りにしまって終了《しゅうりょう》！
そうじが終《お》わったら
水を流《なが》してブラシをゆすぐ。
使い捨《す》てのブラシの場合は
そのまま捨ててもOK

# まとめ成績表

第1章「片づけクイズ」と第2章「そうじゲーム」の結果をまとめてみよう。
○△×それぞれいくつだったかな？

**第１章**

○　　個

△　　個

×　　個

**第２章**

○　　個

△　　個

×　　個

**全部○だった人**
もう、片づけもそうじもバッチリだね！
これからもがんばろう

**△や×があった人**
できなかったところに、これから挑戦してみよう

**全部×だった人**
いま、できてなくてもOK。
これからがスタートだよ

# 1章&2章

## 片づけの3つのポイント

1　モノの置き場所を決める

2　出したら（使ったら）
必ず元の場所にもどす

3　必要じゃないものは
手放す

## そうじの3つのポイント

1　窓を開けて空気を入れ替える

2　落ちているゴミは必ず捨てる
（ゴミ箱に入れる）

3　こぼしたりしたら
すぐに拭く

さあ、今度はパパやママが片づけやお掃除の教え方を学びましょう！

## 第３章

# 片づけ・掃除は親が授ける大事な知恵！

# 学校では「片づけ・掃除の仕方」は教えてくれない！

## ～我が子に清潔＆快適に生きるテクニックを教える

生まれて間もない赤ん坊は、親の手助けなしには生きられない無力な存在です。やがて成長し、親に教えられながら、箸《はし》でご飯を食べる、服を脱ぎ着する、トイレに行って排泄するなど、さまざまな「生活力」をつけていきます。このような「生活力」を教えることは、大切な知育です。小学校に入るころには文字や数を覚え、親は子どもの成績表に一喜一憂《いっきいちゆう》するわけですが、なぜかとても大切な「親がすべき知育」が置き去りにされていることが多々……。

そのひとつが「片づけや掃除」なのです。小学生～中学生の親の「子育ての気がかり」ナンバーワンがコレだという調査結果も。私自身、片づけや掃除の講座を開くたびに、多くの親御さんから「ちゃんと教えておくべきだった」という声を聞きました。

---

### 「掃除力」は「総合力」！　さまざまな能力を育てられる

子どもが掃除をすることで、様々な力が育ちます。

●責任感・自立心…「自分の仕事」として認識し、達成する。

●忍耐力・集中力…掃除が終わるまでのがんばり！

●自己肯定感…「自分で掃除ができた！」という喜びと誇り。

また、掃除は「どのぐらいの力で拭けば汚れが取れるか？」「チリトリにゴミを上手に入れるにはどうしたら？」など思案を巡らしながら実践するもの。子どもが自ら考えて生きていく力＝「総合的な生活力」を伸ばせるのです。

勉強ができて、運動もできて、いい学校に入って、将来はちゃんと稼げる大人に子どもを育てるのが、親の願いではないでしょうか。

しかし、その一見、ちゃんとした大人が、服を脱いだら脱ぎっぱなし、ホコリの降り積もった部屋で、掃除はおろかゴミを捨てもせず、人を家に呼べないゴミ屋敷の住人だったら……？

「お金で家事サービスを頼めば？」と思うかもしれませんが、身のまわりの品を整理整頓すること、ゴミを仕分けして捨てること、衛生的な暮らしを保つために掃除をすることは、大人として身についていてほしい「総合的な生活力」なのです。片づけや掃除などの基本的な生活力が身についていれば、もっと楽しく快適に生きていけるのではないでしょうか。

生活していれば、毎日必ずホコリは積もり、ゴミは増え、部屋は散らかります。何もしなければ、大量のダニやカビを含んだハウスダストに心身を冒され、健康で文化的な人生を送るのは難しい！　苦労して大学まで進学させても、片づけや掃除の仕方は教えてもらえません。親が教えるべき、人生に欠かせない「生きる力」なのです。

## 片づけ上手は学校の成績もよい?!

片づけは、とても頭を使う作業。だからこそ、片づけの習慣を身につけさせると——。

●集中力が上がる…「これを片づけてから次のことを！」など、しっかり問題に向き合う力がつく。

●空間＆時間の認識力がつく…「限られた空間を片づけるためには？」「破棄すべきはどのくらい時間が経過したもの？」など。

●段取りがスムーズに…仕上がりをイメージし、どこからどう進めれば効率が良いかを考える力がつきます。すっきりした空間で勉強ができて、成績アップの後押しに！

COLUMN

# 自分で自分を幸せにするため欠かせない「片づけ&掃除力」

～お客さまのお宅で実感！　高学歴や立派な仕事が人を幸せにしてくれるわけではない

**私**は約45年、プロの片づけ・掃除サービスを提供しており、延べ10万軒ものお宅に伺っています。その中でも忘れられないのが、20数年前、出会ったお客さまのことです。

その方のお宅は、玄関に古びた旅行用のトランクが投げられたまま。お客さまは、「数

年前に旅行したんですが、本当に忙しくて……」と、うつむいて言い訳なさいました。

そんな玄関からやっと廊下に上がり、たくさんのゴミを踏み越えながら部屋にたどり着いたものの、そこも惨憺《さんたん》たる有様《ありさま》。イスやテーブルの上、ベッドまでも、服、食料品、空いたペットボトル、書類、郵便物など、雑多なものが文字通り「山積《さんせき》」しています。

その部屋の中、お客さまは暗い顔でこうおっしゃったのです。

「私は人格崩壊者です」

最初はなんのことだかわからず、次の言葉を待つと、お客さまは今まで胸にしまい込んでいた心情を吐露《とろ》されました。

「なんとかしなくてはとは思っていても、とても忙しくて、片づける暇なんてありませんよ。あげく、こんなゴミ屋敷になって、1人じゃ到底無理だし、もうどうしていいのか……」

私は胸が詰まる思いがしました。このお客さまは、誰もが知る有名大学を卒業され、皆の尊敬を集めるような立派な職業に就かれ、はた目には何不自由のない人生を送っておられるように見えます。しかし、一歩家に足を踏み入れると、誰にも言えず、すごく困っている生活をされていたのです。そのうえ、友人を呼ぶこともできずに「**孤独**」でもありました。

何とかしてあげたい！　私はまず、お客さまと一緒になって、大量のものを「必要」「不要」「わからない」の3つに仕分けしていきました。

作業は果てしなく続きまし

たが、続けてさえいれば必ず片づけは進行していきます。

やがてゴミのすき間から床の板目が見えたときには、「わあ！　床が見えた！」と歓声が！　さらに作業を進めたら、イスの上のものも仕分けが完了し、「このイスに座るのは、何年ぶりかしら？」と感慨《かんがい》深そうにして腰掛けるお客さま。

そして、窓の周りにも物がなくなって、何年ぶりかに窓が開け放たれ、新鮮な空気が部屋に入ってきたときの、お客さまのすがすがしい表情！

窓が開けられること、床に何も落ちていないこと、イスに座れること、テーブルに不要なものがのっていないこと……。

こんな、**ごく普通の片づけと掃除ができれば、人は笑顔を取り戻せる**のです。

このお客さまだけではありません。立派な学歴と仕事をお持ちなのに、困っている方をたくさん見てきました。

空になったもの・今使っているものなど、無数のシャンプーの容器が散乱したバスルーム、脱いだ衣類と洗濯した衣類が分けられておらず、衣類が無秩序《むちつじょ》に山積みされたサニタリー。何年も何年も窓を開けていないため、空気が茶色いのではと錯覚するほどよどみ、1時間滞在するのも大変だったリビング……。

たくさんの驚くべき光景を見たからこそ、日本じゅうの子育て世代に訴えたいのです。

「どうぞ、すべての子どもたちに、**自分で自分を幸せにする力『片づけ&掃除力』**を教えてあげてください！」と。

## 「片づけ」を日常に組み込む大切さ
## 整理整頓の習慣は一生役立つ人間力になる
### ～こっそり親が片づけるのは、もっともしてはいけないこと！

片づけができないお宅の方は、たいてい言い訳をされます。
「収納グッズはあるけど、何を収納したらいいのかわからなくて」
「不要な物を分けて捨てろと言われたけれど、不要な物って何？」
「自分はゴミとは思っていないの！　全部必要なの。だけど、家族から捨てろと言われてショック」
「捨てられない性格で……。なにせ『性格』だから、直しようがなくて困っているんです」

でも、ちょっと考えてみてください。もし、お子さんに「片づけなさい！」と言い渡したけれど、まったく片づけず、あげくにこんな言い訳をしたら？　きっとお子さんにお説教して、叱りますよね。

片づけができないと
〝負の連鎖〟が果てしなく…

家に物があふれて片づいていないと、なんといっても「危険！」。つまずいたり転んだりして、ケガをすることも。

また家でくつろげず、常にみんなイライラしていて、家族間のトラブルが多くなります。外での人間関係も、友人も呼べず疎遠《そえん》に。

加えて、物を置きっぱなしにするため、掃除はおろか窓もあまり開けなくなります。ホコリ（ハウスダスト）がどんどんたまり、アレルギーが起こりやすくなり、健康面でも問題アリ……と、負の連鎖がエンドレスなのです。

しかし、反抗期に入るような年齢のお子さんでは、そうそう親の言うことを聞かないでしょう。そう、片づけや掃除の知育を行うべきは、お子さんが10歳に満たない時期なんです！

ぜひ、小さいころからお子さんに話してあげてください。

「物があふれていると、大事な宝物まで埋もれちゃうでしょう？」「探し物をする時間ってムダだよね？　だって片づいていたら、すぐに見つけられるんだもん」。そして、子ども自身に考えさせましょう。決して「片づけなさい!!」と、雷を落とさないことが大切です。

その後、お子さんとともに、物の居場所を決めます。おもちゃはおもちゃ箱へ、ペンやクレヨンは机の引き出しへ、絵本は本棚へ。さらに「自分で使ったら、自分で戻す。それが〝家のルール〟よ」と教え、あとは見守るのです。

子どもが実行できないときは、「おや？　この間決めたこと、忘れちゃったかな？」と声をかけます。決して親がこっそり片づけずに、根気強く働きかけて。やがて片づけは子どもの習慣として根づき、快適に生きていくための「人間力」という、一生の宝になるはずです。

**子どもに教える前に…**
**親もがんばって片づけよう！**

**い**くら子どもに片づけを教えても、親自身が片づけをしないと悪いお手本に！

お部屋を眺めてみてください。イスの上に洋服が置きっぱなしになっていませんか？　階段やピアノの上が物置代わりになっていませんか？　本棚にあるべき本が、別の場所に置きっぱなしでは？　いつ買ったかわからないものが、部屋の中にありませんか？

子どもに教えながら、自戒《じかい》しましょう。子どもは親の姿をマネします。マネされてもよい住環境を整えることも、親の務めです。

## 「開けたら閉める」「出したらしまう」「ゴミはゴミ箱に」…基本を教える

### ～子どもが散らかした部屋は一緒に片づけて〝知育〟タイムに

子どもがいるとすぐに散らかり、ゴミもどんどん増えて、家は壊滅的な状態に……。たいていの親御さんは、まず大きな声で「片づけなさい！」「捨てなさい！」と一喝《いっかつ》。しかし、お子さんはどう片づけたらいいのか、何がゴミなのかもわからず、親がしてほしいようには動けません。あるいは、片づけるのをめんどうくさがり、遊びを優先したくてぐずることもあるでしょう。

親御さんは見るに見かね、「仕方ないなあ」とため息をつきながら自分で片づけてしまう――。でも、ここはぐっと我慢。片づけ・掃除の知育のまたとないチャンスなのです！　腰を据えて、お子さんが一生役に立つ「生活力」を授けましょう。

「このクレヨンはどこから持ってきたの？　あの引き出しね、じゃ

### 片づけのお手軽裏技①
### 「まるごと移動」の術

テーブルの上が物でいっぱい！　こんなとき、とにかく速攻で片づけたいというときの裏技です。

テーブルの上の物を全部かき集め、箱か袋に入れて見えないところに移動させます。仕分けなどせずに、とりあえず移動するだけで完了。使いたくなったら、箱または袋を持って来ればOK、というわけです。

時間ができたときに、箱の中身を仕分けして、捨てる・しまうなど整理整頓してください。

あ一緒に戻しに行こう！　そうしたら、次もすぐに使えるもんね」

「クレヨンを入れたら、引き出しを閉めるのよ。ほら、引き出しを閉めると、ぶつかってケガしないから安心だね！」

「さっき鼻をかんだティッシュが床に転がっているね。リビングのゴミかごにポイ！　ほら、歩きやすくなった！」

「さっき食べたおやつのお皿、そのままだよ。自分でキッチンへ運べるかな？　わあ、テーブルが片づいてスッキリしたね〜」

「レッスンバッグが投げっぱなしだよ。玄関のフックにかけておこう。これで次のレッスンのとき、探し物せずに出かけられるね」

最初から、声がけだけで的確に行動するなど、大人でも難しいものです。まずは親が子どもに声をかけて、「出したらしまう」「開けたら閉める」「ゴミはゴミ箱に」「落とした物は拾う」「食べたお皿はキッチンへ」など、お手本を見せながら一緒に行動するのです。

その結果である〝暮らしやすく快適な景色〟を見せ、言葉でも説明。さらに「ほめ言葉」を付け加えれば、子どもの向上心を刺激しますよ。
※具体的なほめ言葉の例は、１１４ページをご参照ください。

### 片づけのお手軽裏技②
### 「キレイに並べる」の術

**乱**雑に「ルール無用」で置かれているものを美しく整えるだけ！

たとえば、テーブルの上に適当に積み重なった雑誌の角をそろえて、キレイに重ねておく。

子どもがコレクションしているフィギュアを、棚に向きをそろえて整列させる。

まるでバーカウンターのように、同じグラスを整然と並べて〝見せる収納〟に！

ともかく、何か手が加えられていて、規則性がある景色は、片づいているように見えるものです。

# 「欲しい！」という欲望との付き合い方を教える片づけ知育

## ～不要なものは買わない・持ち込まない

「衝動買《しょうどうが》いって楽しい！」と、多くの方が口をそろえます。それもそのはず、衝動買いをすると快楽ホルモンが放出され、高揚感《こうようかん》を得ることができるのだとか。

しかし、節約の大家《たいか》がおっしゃるには、「とても欲しいと思ったものでも、１ケ月後には、なぜそんなに欲しかったのかすら、わからなくなるものですよ」だそう。片づけと掃除を指導する私に言わせていただけるなら、「買ってもいいですが、それを買った分、今持っているものを１個手放してくださいね」。

１個買ったら１個手放す。それが片づけの観点からは理想ですが、大人でもなかなか実行できないことです。ましてや「新しいテレビヒー

子どものおもちゃを増やさない方法①

**ほ**うっておいたら、次々と欲しがり、おもちゃ箱など、あっという間にいっぱいに。ぜひ、子ども自身におもちゃの仕分けをしてもらいましょう。親が「このおもちゃ、よく遊ぶ？　それとももう遊ばない？」と声をかけます。「遊ぶ分だけにしておいたら、好きなおもちゃを見つけやすいよ」。そして「遊ばないなら、バイバイしようよ」。ただし、親が勝手に処分すると、かえって執《しゅう》着《ちゃく》が出てしまい、捨てるのが苦手な子どもになるので要注意です。

ローのおもちゃが欲しい!」「こっちの絵本も買って!」と欲望に素直な子どもに教えるのは、至難《しなん》の業《わざ》。

効果的なのは、おもちゃ箱や本棚など、ジャンルごとに収納容量を決めること。目で見えて理解できるように、「一定の量を超えると、もう入らない」というボリューム感を体感させるのです。

「新しい絵本を買っても、もう本棚には入らないよね。この本を買ったら、今ある絵本を1冊、捨てられるかな?」「新しいテレビヒーローが始まったから、前のヒーローグッズはなくても大丈夫だよね?今度、ママと一緒にバイバイしよう」など。

さらに難しいのはゲームソフトなど、たいして場所を取らないものの場合。またダウンロードして遊ぶゲームなどでは、収納場所という概念《がいねん》すらありません。これらの「情報」の整理整頓は、親子で話し合って合意点を見出す方法がおすすめ。

「ゲームソフトは10個を限度にしようよ。もう使わなくなったものは、中古屋さんに売って新しいゲームを買う資金にしたらいいじゃない」など、リサイクル法を教えるのも手です。

**子どものおもちゃを増やさない方法②**

ほんとうに欲しいおもちゃだけがある、という環境を作りましょう。たとえば、お菓子を買ったらついてきたおまけ。いただいたけど本人があまり気にいってないものなどは、子どもに「これはもういらないよね」と話して手放してください。

ただし、はた目にはゴミにしか見えないものでも、子どもが大事にしているものは、親も同様に大事なものとして扱って。親の勝手な判断で捨てたりしないのが「知育」の面では大切です。

# 毎日、自然に体が動くように！片づけを習慣づけるルーティンのススメ

〜感謝することの大切さも同時に教える片づけ知育法

片づけや掃除は「しなければならない」という義務感でやるものから、手が勝手に動く習慣に移行できたら、しめたもの。散らかったら自然と片づけている、汚れを見たら無意識にさっと拭いている…そうなれば、時間・体力・精神力が必要な「大片づけ」「大そうじ」をしなくてもすみます。

そのためには、毎日のアクションと片づけや掃除をセットにして、抵抗なく自然に体が動くようにしつけるのです。

たとえば、朝起きてパジャマを脱いだら、その足でパジャマを洗濯機へ持っていけば、パジャマが散らかりません。もう一度着るのなら、その場でパジャマをたたんでベッドの上に置いておく。

「ごちそうさま」を言ったらすぐ、自分の食器はキッチンへ持って

**片づけ知育は、探し物で人生を浪費しないためにも！**

**調**査によると、日本人は平均で1ケ月に76分も、探し物に時間を費やしているのだとか。単純計算すると、1年間では912分、実に15時間を超えます。85歳まで生きるとすれば、20歳から成人として過ごす65年間のうち、探し物で浪費する時間は5928 0分で988時間、なんと41日以上。貴重な人生の時間を、こんなムダ遣いするなんてもったいない！　子どものうちに、しっかり片づけ方を授けることの大事さがわかります。

いくことを習慣にする。こぼしたところは、その場ですぐ拭く。親が洗濯物をたたんだら、自分の衣類を「ありがとう」と受け取ってタンスにしまう。衣類をたためる子なら、自分でたたむとなお可。ハサミやペン、ハンカチなど、学校や遊びで使う自分のものは、しまう場所を親と決め、使ったあとは元に戻す。また兄弟の所有物を借りるときは、「貸してね」と必ず声をかけて了解をとり、使ったあとは「ありがとう、戻しておくね」とお礼を言って戻す。

片づけとは、「必要なもの・好きなものだけを身近に置き、すぐに使えるよう常に整頓しておく」こと。人は一度、快適な状況を手に入れると、それを守りたいと思うものです。いつも何か探し物をしてむなしい時間を費やす人生、自分と人の所有物をゴッチャにして、つい借りて騒動に……など、決して快適とは言えません。

だからこそ、「使う⇓戻す」をセットにし、「使いっぱなし」にしない大切さを教えて。ここに何かしてもらったなど、人の善意《ぜんい》が加わっている場合、必ず感謝の言葉を添えることも伝えれば完璧《かんぺき》！

**先輩ママの「片づけ知育」成功アイデア集**

「とにかく粘り強い声がけして、できたらほめる！」「兄弟の場合、どっちが早くできるか競争させると効果的」「収納場所を、子どもが片づけやすい高さに設定したら成功」「つどつど親が片づけの見本を見せる」「子ども一人ひとりに自分専用の収納箱を用意したら、一生懸命片づけるようになった」「学校用品は、ランドセルから教科書、ハンカチなど、必要なものを全部しまえる専用ラックを用意して、迷わず片づけできるようにした」

# これは「必要」？　それとも「不要」？　使うもの・大事なものだけを身近に置く

## ～親と何度も仕分けを訓練すれば、子どもが自分でできるように！

お子さんの片づけに悩む親御さんに、「なぜ片づけできないと思いますか？」とお聞きすると、「使ったものを戻さない」「収納スペースが少ない」などの回答とともに、「不要なものを捨てないから」という声が必ず上がります。

親は、山盛りのおもちゃ箱や、本が溢《あふ》れた本棚を眺《なが》めるにつけ、「あれもいらない・これもいらない」と捨てたくなりますが、何度もお話ししているように、勝手に捨てるのはダメ。子どもと相談して、「必要」「不要」を仕分けすることが大切です。

では、「必要」「不要」の仕分けの仕方はというと、まずは「なくてもよいもの」を選ぶこと。遊ばなくなったおもちゃや読まなくなった本、

**親が自己分析。「なぜウチの子は片づけできない？」**

「片づけをする習慣が身についていない」「ものを捨てられない」「片づけをせずに、次の遊びに移ってしまう」「子どもに何回も注意してもできないので、根負けして親が片づけてしまう」「新しいものばかり欲しがり、今あるものを大切にする気持ちがない」「大事にしているものを年じゅうなくしては探して、それが日常《にちじょう》茶飯事《さはんじ》になって慣れてしまっているよう」「片づけられないことを、本人が全然気にしていない」「片づけは親がするものと、思っているふしがある」

消費期限が切れた食べ物などは、「もう遊ばないよね」「もう食べられないからね」と声をかけて、子どもに納得させます。

そして、扱いに迷うのが幼稚園や小学校から持ち帰った絵や工作など作品の数々。いるかいらないかを子どもに尋ねてみてください。「これ、取っておく?」。「取っておきたい」と言うのなら、「じゃあ、写真を撮っておくのはどう?」。それでよいというのなら、一緒に楽しく写真を撮ってプリントし、いつでも見られるアルバムにして、子ども部屋やリビングの手の届くところに。

最適なタイミングで不要品を仕分けるのも大切です。小学生なら進級する前の春休みは、必ず前年度の不要品を選別! 前学年の教科書やため込んだプリントなどを自分で仕分けさせ、後で親がチェックします。子どもと話し合い、再仕分けするとよいでしょう。やがて、子ども自身でしっかり仕分けできるようになります。

幼稚園や保育園のお子さんなら、新しいおもちゃを買うときや、お友だちを家に呼ぶ前などが、よいチャンスです。

### 親からの悲鳴「ココ」の「コレ」を片づけさせたい!

**小**学生未満の子どもの場合、片づけさせたい「ココ」は、ダントツで「おもちゃ箱」! 片づけさせたい「コレ」は当然「おもちゃ」です。

小学生以降は、「おもちゃ箱」から徐々に「学習机」に悩みの場所が移動します。片づけさせたいものも、「おもちゃ」「ゲーム」など遊び系から「教科書や参考書」「学生服や運動着」などに。

ちなみに、親の7割以上が「子どもの片づけに不満足」「ストレスを感じている」という調査結果も。あなたはいかがですか?

# なぜゴミを捨てることが大切？「ゴミ育」で生活力のある人間に育てる

## ～幼児期から「なぜゴミを捨てるのか」「どうしたらよいか」を伝授

「あなたはゴミをちゃんと捨てられますか？」と聞かれたとき、自信をもって「はい！」と答えられますか？　「なかなかマメにはねえ」「仕分けがむずかしいのよね」と、言い訳が口をついて出ませんか？大人でもゴミを集め、捨てるのは面倒で骨の折れる行為《こうい》。時にはうんざりして、さぼりたくなるでしょう。ましてや子どもにとっては、ちょっとハードルの高い「生活力」の訓練なのです。

とはいえ、ゴミの捨て方は、「ゴミ育」という新語も浸透《しんとう》するほど、大事な親の務めなのだと心得《こころえ》てください。ゴミ捨てを教えず、勉強だけすればよいと教えると、子どもは誤解したまま成長します。「ゴミ捨てなど、ほかの誰かがすればいい」「成績が良いことが正義」「名

### ゲーム感覚で
### ゴミ捨てを教える方法①

**「何でもいいので、1日5個、ゴミを捨てよう！」**

数が数えられる年齢になったら、こんなゲームはいかが？

たとえばペットボトル。ペットボトル本体、キャップ、ラベルと仕分けすれば、もう3個のゴミのでき上がり。あとは使った後のティッシュ、学習机の消しゴムのカスを集めて、もう5個捨てたことになります。

ゴミの仕分けも教えながらゲームをすれば、さらに一石二鳥！

の通った大学や企業に入ることが豊かな人生の証」。その結果、ゴミひとつ自分で捨てられない大人になるのではないでしょうか。

私自身、立派なお仕事をバリバリこなされているお客さまの家で、トイレにお弁当の空容器が放置されているなど、信じられない光景を目にしてきましたから、おおげさな話ではありません。


では、どのように「ゴミ育」を行うか。まず、幼児の頃からゴミ捨ての必要性を教えましょう。

「ゴミが床に散乱していると、普通に歩けなくて大変だよね」「ゴミだらけのおうちじゃ、誰も遊びに呼べなくて寂しいよね」など。

そして、具体的なルールを作って実行させます。ゴミはゴミ箱に捨てる。ゴミを落としたら、自分で拾う。自分の部屋にゴミ箱があるなら、そのゴミ箱をゴミ収集日の前日までに決められた場所に出しておくなど。いずれもできたときには「すごい！　すっかりゴミ捨て名人だ！」などとほめてあげてください。

### ゲーム感覚でゴミ捨てを教える方法②

「1日5個捨てるゲーム」をさらに進化させます。

「クイズ！　家族4人で、毎日1人あたり5個捨てます。1日あたり、20個のゴミを処分できます。では、1週間で何個でしょう?」

答えは「140個」。1ケ月31日では「620個」、1年365日では「7300個」！

つまり1日5個捨てなかったら、1年7300個のゴミが家にたまる……数の概念《がいねん》がわかる年齢なら、納得するはず。「片づけ講座」で紹介したら、多くの方が実践し、大好評を得た方法です！

## 「情報」「新品」「貴重品」…一見、重要そうなものも取捨選択！

### ～親子で「死蔵品」をためこむクセを治そう

お知らせやスケジュールなど「情報」に関するものは、古くなったら「不要品」となる場合がほとんどです。毎月届く、お子さんの学級通信や給食の献立表は、翌月分が届いたら前月分は処分。記念に取っておくのならば、きちんとファイリングして1冊に。

また新品であっても、使わないものは手放すべきです。子どもに読ませたいと買ったけれど、ちっとも開く気配のない児童書などはありませんか？　親のクローゼットにも、同じような「使わない新品」があるのでは？　「痩せたら着れるかも」と思って買った有名ブランドの洋服……気がつけば、もう10年近くクローゼットの片隅に、なんてことはありませんか？

新品の状態で保管していても、高級品であっても、それは「10年前

**片づけビギナーは冷蔵庫から片づける！**

**不**要品の仕分けは、押入れから取りかかりたくなりますが、実はNG。押入れは雑多なものがつめ込んであり、片づけ初心者にはハードルが高め。

初心者がチャレンジしやすいのは「冷蔵庫の中」です。消費期限切れのものを処分し、賞味期限前後のものは優先して調理。子どもと一緒に整理すれば、「この間、欲しいと言って買ったお菓子、消費期限が切れちゃったね。今度から気をつけようね」と食品ロスを防ぐ知育もできます。

の高級な新品」でしかありません。「なんでも捨てるのが正義！」「目指せ、ミニマリスト！」とは申しませんが、日の目を見ることのない新品は「死蔵品《しぞうひん》」。リサイクルするなり、活用してくれる誰かにゆずるなりして、その姿を子どもにしっかり見せて。

また「昔買った高級な食器、そのうちホームパーティするときに使えるかも」なんて理屈は、子どものお手本にはなりません。「〜で使える《かも》」なんていう「〜かも」は片づけの天敵！　死蔵品を増やし、本来だったら使えるもの・大事なものを置くべきスペースを占拠してしまいます。

お子さんと一緒に、親御さんも「必要・不要の仕分け」を実行してください。迷ったときには、「とりあえず保管」でもＯＫ。そのときは、仕分けした日にちを明記しておき、次に処分するときの目安にして。一家で、「次の日曜日、中古屋さんに不要品を売りに行きます！　たくさん売って、帰りにごちそうを食べよう！」と、不要品仕分けをファミリーイベントにするのもオススメです。

**必ずたまるもの・増えるものは期間を決めて処分！**

新聞は毎日届き、１ケ月で30部にも。雑誌も毎月購読すると、１年で12冊に……。こういった「必ずたまるもの」に関しては、処分の期限を最初から決めておきましょう。新聞なら１ケ月、雑誌は３ケ月など。

メールや写真などのデータ類も、年末年始や新学期など、暮らしの節目で整理を。増え続けるアドレス帳だって、連絡しない人の数だけ増えていくのでは、キープしている意味がありません。

COLUMN

# 子どもの年齢別掃除知育プログラム

子どもの成長に合わせて、掃除教育をスタート！
最初は「やだ！」「めんどくさい」と反発するかもしれませんが
無理強いせず、親が掃除している姿を見せながら
気長に「やる気」を育てて。

## ほめ言葉

「すごいね！　テーブルがきれいになった」

「お手伝いしてくれてありがとうね」

「ピカピカになったね！　またお願いね」


「玄関がきれいで、気持ちいいね～」

「靴もそろえて、偉いね」

「パパ（ママ）が帰ってきたら、びっくりするよ！」


「○ちゃんが掃除機かけてくれたから、ホコリがなくなったよ！」

（掃除機のそばについているとき）「そばにいてくれてありがとう！　○くんもやってみる？」


「○ちゃん、窓拭き名人だね！」

「わあ、窓ガラスがきれいになった、ありがとう！」

「○くん上手！　またやろうね～」


「ゴミがなくなったら、遊びやすくなったね！」

「わあ、ゴミがなくなったらきれいね～」

「○ちゃんは、ゴミ捨て上手だね、助かる！」


「すごいね！　○くんにお風呂掃除はお任せしちゃおうかな？」

「きれいなお風呂になったね！　入るのが楽しみだね」

「ピカピカ！　○ちゃん、ありがとうね」


「○くんがトイレ掃除するようになったらトイレがいつもピカピカだ！」

「きれいなトイレだと、気持ちいいよね」

「○ちゃん、いつもトイレ掃除ありがとう！」


「シンクに水っ気が全然ないね！　すごい！」

「蛇口がピカピカ～、またお願いね」

「すごいきれい！　ありがとうね」

| 年代 | 掃除内容 | POINT |
| --- | --- | --- |
| 1～2歳 | テーブルや床の拭き掃除 | きちんと拭き掃除をするのは難しく、一人前の動きはできませんが、おおらかに見守りましょう。また、まだ幼く、誤飲や転倒の危険性があるので、親がきちんと見守ること。 |
| 3～4歳 | ホウキとチリトリで玄関を掃除 | 長時間の必要はなく、ほんの5分ほどでも。まだまだ親の真似をしている程度なので、隅々まで掃き清められず、真ん中を掃くくらいでもOK。靴もそろえて。 |
| | 掃除機をかける | 子どもは掃除機のように動く物が大好きなので、掃除機を使わせると喜ぶもの。親が掃除機を使うそばにいるだけでも、ほめてあげて。 |
| | 窓拭き | 水切りワイパーを持たせるだけでも充分。窓ガラスの下半分だけ水切りワイパーで水を切るなど、子どもでもラクにできる作業を担当させる。 |
| | ゴミ捨て | 子ども部屋やリビングなどの床に落ちているものを「ひとつ」「ふたつ」と数えながら拾っていく。達成感を感じやすく、親子でゲームのように楽しめる！ |
| 5～6歳以上 | お風呂掃除 | 3～4歳の頃から水切りワイパーを使わせていると、扱いがうまくなっているので、壁や浴槽など様々な場所で水切りさせてみて。 |
| | トイレ掃除 | トイレでうんちをしたら、柄付きブラシで便器をひとこすりさせる。この習慣がついたら、縁の部分もクルリとひとまわりぞうきんで拭くように教える。 |
| | 台所の水回り掃除 | シンクの水気を水切りワイパーで切る。蛇口を乾いたタオルでピカピカに拭き上げるなど、台所の水回りをきれいにしてもらう。 |

## 2〜3歳から掃除の喜びと達成感を感じさせてあげる

### 〜最初は「マネっこ」でOK。トイレ掃除はオススメ

掃除は早めに教えた方が抵抗感もなく、身につきやすいのです。2〜3歳でマネっこからスタートして、正しい掃除の仕方は、いろいろなものに興味を示し、新しいことにチャレンジするのが大好きな6〜7歳までに、ぜひ習得させてください。

では、具体的な掃除の知育をご紹介しましょう。どんどんおしゃべりが上手になって、自分の意思を言葉で伝えられるようになる2〜3歳は、大人のマネっこが大好き！　親とコミュニケーションをとり、言われたとおりに掃除をこなそうとがんばってくれます。また大人に認めてもらいたい「承認欲求《しょうにんよっきゅう》」も満々。「はい、ハタキでナデナデしてね〜」と役割を与えると、幼いなりに責任感と喜びを感じ、

### 掃除は「窓を開けること」から始めるのがお約束

子どもに掃除を教えるとき、「最初に窓を開ける」ことを教えてあげてください（※「換気の効能」は、次項目に詳しくご紹介していますので、ご参照ください）。

まずは窓を開けて換気、それから「ホコリをはたいて落とす」⇓「ホコリを拭き取る」⇓「ゴミやホコリを掃き清める」⇓「白いものは白く、光るものは光るように磨く」の順に進めます。

また、動作は「上から下へ」「奥から手前へ」が基本です。

一生懸命やってくれるでしょう。

さらに、4、5、6歳と成長すると、「自分でやりたい！」という気持ちが強くなり、掃除のお手伝いも自分流でやりたがります。

親が「こうするのよ」と最初に教えてあげた後は、しばらく見守ってあげて。少々雑で、すみずみまできれいになっていなくてもいいのです。「ぼく（わたし）、大人みたいにお掃除ができた！」と喜びを感じ、モチベーションにもつながります。

掃除の基本を教えるのに「トイレ」はオススメです。汚れが混在しないので、キッチンや浴室に比べ短時間で終わり、キレイになった様子が見てわかるので達成感が得られます。そんな達成感は、成功体験として積み重なります。

そこで、大人から「すごいね！　上手にできたね！」などほめ言葉をもらえることで、掃除は喜びにも変換されます。子ども時代に成功体験の多い人ほど、成人後に自信を持って人生を歩めるといいます。ぜひ掃除を通じて、お子さんの人生に、一生の宝になる「生活力」と「自信」を授けてください。

### 掃除の基本「奥から手前」。なぜそうするの？

掃除機をかける、床を掃く・拭くなど、部屋の床面を掃除するときは、部屋のいちばん奥の位置から、入口にお尻を向けて後ずさりしながら掃除します。

この方法なら、掃除した床を自分の足裏の皮脂で汚したり、掃除中に落ちた髪の毛などを残さずキレイにできます。

せっかく掃除しても、足裏の跡が残るようでは、また拭かなければなりません。その点、「奥から手前」なら二度手間がなくなり、短時間で掃除が完了するのです。

# 掃除とは、空気をきれいにすること！毎日、窓を開けよう！

## ～室内の空気をよどませず、1日1度は空気をしっかり入れ替える

人が口に入れるもののうち、食べ物は全体の何％だと思いますか？意外にもたった7％しかありません。水は8％、その他で2％、では83％にも至るものとは？……「空気」です。だからこそ、私は講座などでいつも皆さんに訴えているのです。「掃除とは、空気をきれいにすることです！」と。

人はにごった汚い水を飲むのをためらうのに、汚れた空気にはそこまで敏感ではありません。しかし、水の10倍以上も体に取り入れている空気が清浄であることは、心身の健康に欠かせない条件です。

今や日本人の3人に1人は何らかのアレルギーがあるといわれていますが、空気の汚れの正体であるハウスダストも原因のひとつ。「空

### 効果的に換気できる窓の開け方のコツ

**窓**を開けるときは、風を入れたい窓（吸気）は小さく開け、対面の窓（排気）の窓を大きく開けます。

風が入ってくるほうを少ししか開けないことで吸気が促され、大きく開いている窓でしっかり排気されて、風がさーっと通り抜けます。排気と吸気が同じだと、うまく換気することができません。

窓が1ケ所しかない、対面に窓がない場合は、換気扇を活用。換気扇とできるだけ対面に位置する窓を5㎝ほど開けて吸気し、換気扇で排気するのです。

気の汚れと言うと、外気のほうが問題では?」との指摘もありますね。確かに毎日のように、「PM2・5」「排気ガス」「黄砂《こうさ》」「スギ花粉の飛散」などのニュースが流れていますから、無理もありません。

しかし室内は外よりもホコリが多く、空気が汚れている場合も少なくないとも言われます。その汚れの正体が、ダニや、ダニの脱皮殻《だっぴがら》に死骸《しがい》、カビなのだと具体的に想像してみてください。空気を入れ替えないと、その数は蓄積されていくばかりなのです。

24時間換気システムのお宅であっても、日々、フィルターに微細《びさい》なホコリがたまることを考えると、毎日少しの時間でも窓を開けることをおすすめします。確かに外の空気が汚れているときもありますが、外気は動いています。室内と異なり、常に汚れたままよどんではいません。都会でも、車通りの少ない朝など空気が澄んでいる時間は必ずあるもの。お子さんにも「朝起きたらカーテンと窓を開けるのよ!」などと、窓を開ける習慣を教えてあげてください。

**浴室に窓があるなら積極的に開けよう!**

浴室の換気は24時間換気に任せずに、窓がある浴室の場合は、ぜひ窓を開ける習慣を!

湿気を室内に出さないようにと、浴室を閉め切りにするのは間違った方法。換気扇の排気力をフル活用するには、換気扇と対面の浴室の窓や出入り口を5cmほど開けて吸気させ、換気扇の排気を促進させるのがベスト。

また外の冷たい空気が、浴室の暖かい空気に引っ張られて入ってくるので、浴室内の温度が一気に下がり、カビの発生を抑制するのもありがたい点です。

# 「親の背中を見て育つ」は本当！子どもの目の前で掃除すべし

## ～子どもに掃除をポジティブなものとして印象づけて

掃除の方法はかつて、家庭の中で脈々と受け継がれてきました。子どもは親がやることを見様見真似《みようみまね》で覚えていったのです。しかし、もしも父や母から「家事を手伝いなさい」と言われなかったとしたら？　まさに現在、そんな「もしも」が増えているのです。

実際に、「片づけや掃除はママの仕事」と思ったまま成人している元・子どもの多いこと！　ですが、そんな元・子どもは、世話をしてくれるママが年老いて、やがていなくなっても生きていきます。それ以前に、ママが病気をして、動けなくなることもあるでしょう。そのとき片づけや掃除をする人が、家の中にいなければ？　たちまち汚部屋《おべや》です。空気は茶色くよどんで、床には物が散乱します。

### 目から鱗《うろこ》のプロ掃除テク①
### ドアや壁の汚れは丸く拭く

ドアや壁はいつの間にか手アカで汚れ、まだら模様になっているものです。ドアは四角いので、そのフォルムに合わせて真っすぐに拭きたくなりますが、その方法は不正解！　拭いたところだけがキレイになり拭き筋が残りがちで、美しく仕上げるのが難しいのです。

ドアやクロス壁の汚れは、「汚れの中心をぼかすように外へ向かって拭く」が正解。乾拭《からぶ》きで仕上げるときも、全体をぼかすようにすると◎。

ぜひ、親が掃除や片づけをする姿をお子さんに見せてください。「幼稚園に行ってる間にやろう」は×。確かに、子どもがいなければ片づけや掃除ははかどりますが、ここが大切な知育のタイミング。

キッチンの蛇口をピカピカに磨いたり、玄関の靴を片づけて、三和土《たたき》を砂ぼこりひとつないように清めたり……。「ほーら、キレイになったでしょ？　気持ちいいねえ」と、親の笑顔で、子どもは「掃除って面白そう、楽しそう！」とポジティブにとらえることができ、マネしたいと思うはずです。

逆に、幼い子どもの食べこぼしに、「また食べ散らかして！」などと、ため息まじりに掃除をする姿を見せてはダメ。掃除をするときに親がイライラし、面倒くさそうにしていたのでは、子どもは掃除に対してネガティブな印象を持ってしまいます。

また、「片づけなさい」「掃除しなさい」と注意するだけで、親自身がやらないと、子どもはやりません。口先だけの信用できない大人の言うことは聞かないのが子どもです。片づけや掃除ができる子に育てたいなら、ぜひママやパパも率先して動いてくださいね。

### 目から鱗のプロ掃除テク②
### 掃除機の前に拭き掃除

掃除機をかける前に、カーテンレールや棚の上のホコリをはたいて床に落とします。その後、そのまま掃除機をかけると、掃除機の排気でホコリを舞い上げることに……。

ですから掃除機をかける前に、ホコリを拭き取るのが正解なのです。掃除機をかけるときは、排気から出るホコリを外に出せるよう、掃除機の排気口を窓のほうに向けるのがポイントです。

# 掃除道具を用意し「ごっこ遊び」で掃除の基本を教える

## ～お掃除タイムが親子共通の楽しい時間にも！

子どもは「自分用」のものにとても愛着を覚え、それを使うことを喜びます。自分のクレヨンにお絵かき帳、キッズプレートに小さなマグカップ……そこに、子ども用の掃除道具を加えてみてください。

子ども用の掃除道具をそろえるタイミングは、親の掃除する姿に子どもが興味を示しはじめる2～3歳のとき。できるなら、おもちゃやチープなものではなく、最初から、〝本物〟をそろえてあげましょう。なぜなら、作りが良くないものはすぐにダメになり、ゴミを増やす元になるからです。子どもが扱いやすいミニサイズのホウキやチリトリ、ハタキ、雑巾を小さなバスケットに入れてあげると喜びます（もちろん、物を増やさないという観点で、大人と兼用でもＯＫです）。

**掃除の習慣を根づかせる「キレイ」を伝染させる！**

いつも蛇口が光っていれば、その美しさが日常で、その家のスタンダードになります。

人は、自分にとってリラックスできる「日常」をキープするため努力するもの。ですから、非日常である、汚れでくもった蛇口を見たら放っておくことができなくなるのです。

これぞ、「キレイの伝染」。この伝染が、快適な人生を営むために欠かせない「生活力」なのです。

お子さん用の掃除道具がそろったら、親と一緒にお掃除スタート！　一緒にしゃがみこんで、フローリングの雑巾がけをしたり、ハタキで棚のホコリを取る方法を教えてあげたり……ごく簡単な掃除の「マネっこ」「ごっこ遊び」でいいのです。

お子さんには、親がそばにいてくれるうえ、同じ作業が行えてニコニコのはず。親のほうも、子どもが親のマネをする愛らしい姿、大人ぶったおしゃまな姿にほっこり。お掃除タイムが親子双方にとって楽しい時間になることうけあいです。

ハサミなど道具を使えるくらい手先が器用になる5～6歳になれば、ワンランクアップ。蛇口を磨くなど、力加減が必要な作業がこなせ、親の監視の元で洗剤を使うのもＯＫ。子どもは親が教える内容を踏まえ、どうやったらうまくできるか試行錯誤し、最後までやり遂げることを目指します。親は洗剤の扱いや磨き方のコツなど、教えるべきことを教えたら必要以上に手を出さず、しかし目は離さないで、子どもが掃除するのを見守ることに徹しましょう。

## 片づけの習慣を根づかせる寝る前の「リセット癖」

**朝**

起きて、リビングのドアを開けた瞬間、昨夜子どもが読んでいた絵本や、夫が飲んでいたコーヒーのカップ、自分あての郵便物などがテーブルの上に散乱していたら……。朝からうんざりですよね。

夜寝る前には、リビングのテーブルの上を片づけることをファミリールールにしましょう！　やがて自分が出したものは自分で片づけるという、最低限の片づけマナーも家族全員に浸透《しんとう》しますよ。

## 「キレイになったね」「ありがとう！」ほめて、気持ちを共有する声がけを

### ～賞賛・感謝はプラスに。否定・命令はマイナスに！

片づけや掃除を、一生役に立つ「生活力」として身につけさせるためには、声がけが不可欠です。子育て中はどうしても、大きな声で叱ることが多いと思いますが、こと掃除に関しては、ホウキを振り回す、洗剤を適当に扱うなど、危ないことをしないかぎりは見守ってあげるのが肝要《かんよう》です。

まずは、「さあ、今日も一緒にお掃除しようか！」「はーい、ベッドに行く前に、おもちゃはおもちゃ箱に入れてあげよう！」など、決して命令ではなく、楽しい時間が始まるよ！　という明るい声がけを。グズグズして動かないときでも、怒る前に「ママも一緒にやるからね」と、親自らも参加してあげましょう。

そして、片づけや掃除が終わったなら、「やったね！　えらいねぇ」

**魔法の声がけ例①**
**ちょっと大げさくらいで◎**

「キレイになると、すごく気持ちいいよね！」「これで、いつでもお友達呼べるね！」「大変だ！　ママよりお掃除名人になっちゃったみたいよ～」「あら、お客さまの使ったコップを運んでくれたの？　うれしい！」

「○ちゃんが拭いてくれたドアノブ、ピッカピカ！」「さあ、ご飯の前のお片づけタイムだ、エイエイオー！」「ママと競争！　どっちがキレイにできるかな？　負けないぞ～」などなど工夫して。

「キレイになったね！」「気持ちいいね」とほめて。

さらに、同じ空間を共有するものとして、そこをキレイにしてくれたお礼も忘れずに。「テーブルのお掃除、がんばってくれてありがとう。気持ちよくご飯が食べられるよ」。子どもの心は、家族の役に立ったという誇らしい気持ちでいっぱいになって、奉仕の精神が芽生えます。また、パパやママに感謝されると、認められ愛されている実感を得て、健やかな心を育むことでしょう。

こうした日々の積み重ねで、子どもは片づけや掃除が好きになり、自ら積極的に行うようになります。「ここがまだキレイになってないね」「全然ダメだね」など否定的な表現は避けてください。子どもはいくら幼くても、プライドを持っています。否定や批判をされると、一気にやる気を失うことも。せっかくの知育の積み重ねが、ゼロに帰してしまいます。

「もっと雑巾をしっかり絞ると、二度拭きせずにすむよ」など、あくまでも改善策の提案とするのがコツです。

**魔法の声がけ例②**
**掃除方法を命令しない！**

「この間、ホウキを寝かすようにして使ったら、けっこうゴミが集まったんだよね。試してみる？」

「チリトリをもう少し寝かせると、ホコリがよくとれるよ」

「雑巾絞るの大変だよね。洗濯機の脱水で絞ったらラクチンだよ」

「ねえ、見てみて！　同じ大きさの本を並べたら、すごくすっきりした～。今度はこうしてみない？」

こうしろ・ああしろは、百害あって一利なし。

# 「〜だから、片づけと掃除はしなくちゃね」小学生には〝理論〟が効く！

## 〜一問一答方式で的確に答えれば、子どもも納得

子どもが小学生ぐらいになると、「なんのために片づけをするのか」「誰のために掃除するのか」など、〝理論〟を求めるようになります。聞かれたら、的確に答えてあげて。

【掃除や片づけの効能】
・キレイになって気持ちいい。
・ものが見つかりやすい。
・もっと遊ぶスペースが増える。
・いつでも友達を呼べる。
・落ちたものにつまずいたりしないから、家の中が安全。

**小学生向けお掃除理論①**
**数字は説得力抜群！**

「日本人の3人に1人はアレルギーなんだって！ アレルギーの原因になるダニを追い出すためにも、毎日掃除しなくちゃね！」

「人の口に入るもので、空気って食べ物の10倍以上なんだよ。窓を開けて、キレイな空気を入れよう」

「15分あったら、玄関の靴をそろえて、三和土《たたき》を掃いて、ドアノブも拭けるよ。もうすぐお友だちが来るんでしょ？ がんばって！」

【片づけや掃除をどうして自分が行うのか】
・自分で散らかし、汚したものだから自分でやる。
・自分以外の人だけが片づけや掃除をしていると、その誰かがいなくなったときに困る。
・男でも女でも関係ないし、親・子どもの両方がすべき。

【正しく効率的な片づけや掃除を学ぶ意味】
・水気の多いタオルを使うと、二度拭きが必要でめんどうくさい。
・窓を開けないと、掃除機の排気で室内の空気が汚れる。
・蛇口や洗面ボウルなど、もともと白いものや光っているものがくもっていると汚れて見え、せっかく掃除したのにもったいない！

同時に、「テクニック」も教えましょう。「乾いたフキンで、優しくなでるように蛇口《じゃぐち》を拭いてみて。すぐにピカピカになって、『きちんと掃除されているなあ』って感じになるから！」

**小学生向けお掃除理論②**
**ヘリクツにもまじめに対応**

**時**に子どもから反抗的な意見が出るかも。

「お掃除なんてロボットがすればいいんだよ！」⇒「じゃあ天災とかで電気がストップしたら、お掃除できないね」

「プロに頼めばいいじゃん！」⇒「時にはいいけど、毎日頼むとすごくお金がかかるよ？」

「忙しいからできないよ！」⇒「お風呂掃除なんて、5分でOK！　お風呂上がりに体を拭いたタオルで壁を拭くだけで、水アカやカビ防止になるよ！」

## 長期休暇中に生活力を鍛える！夏休みは「片づけ&掃除学習」のチャンス

### 〜家族の中のミッションとして挑戦！

小学校や幼稚園の長期休暇は、掃除や片づけを教える好機です。特に、もっとも長い夏休みを逃す手はありません！

子どもとよく相談して、毎日できる掃除や片づけを、「夏休みのミッション」として行わせてみましょう。

小学校に入る前のお子さんであれば、

・食事前にテーブルを拭く。
・食事のあとは、自分の食器を台所に運ぶ。
・玄関の靴をそろえる。
・毎日、ゴミを5個捨てる。
・自分の洗濯物を自分の引き出しにしまう。

など、ごくごく簡単なものを。

### 掃除ができないときは明るい声かけで後押しを！

ミッションにしたからといっても、子どもが毎日ちゃんと片づけや掃除を実行できるとは限りません。そんなときは、「宿題終わったら、お風呂洗っておこうね〜！」「午前中にやっておくと、お昼からたっぷり遊べるよ」「あれ？　今日はまだ宿題できてないのかな？　大変だ〜！　がんばれ〜」などと、明るく声をかけて後押ししてあげましょう。

叱るのは、何度もこんな声がけをした後でも遅くありません。

小学生ならば、

・トイレで用を足すたびに、便器をブラシでひとこすり。
・お風呂から出たら、水切りワイパーで水を切る。
・玄関の三和土《たたき》を掃いて、拭き清める。
・子ども部屋に掃除機をかける。
・翌日、捨てられるゴミの種類に合わせ、家じゅうのゴミを集める。

……なんてことも、できそうです。

もちろん、片づけや掃除が完了したら、「いつも助かるわ！」「ありがとう！」「わあ、きれいになったね！」「毎日、偉いねえ」。この一言が強力な後押しになって、翌日からも黙々と〝ミッション〟をこなしてくれるでしょう。

そしていつか、片づけや掃除が子どもの人生の、日々の習慣となるのです。

**掃除をしないからと「親が代行」してはダメ！**

**親**がいくら声がけしても、いっこうに片づけや掃除をする気配がない……。そんなときは、子どもの言い分も聞いてあげて、必要ならば片づけや掃除を「手伝って」あげましょう。

ここで大事なのは、あくまでも「手伝い」ということ。親のミッションではないのです。「よーし、じゃあ今日は特別に、ママが手伝ってあげるよ。一緒にがんばろう！」。約束した片づけや掃除は、子ども本人の仕事。その自覚を持たせ続けてください。

# 子ども部屋は自分でキレイにさせ段取りや時間配分を考えさせる

## ～10歳までに覚えておきたいこと

小学生になったら、週に1回は、子どもに自分の部屋の掃除を行わせてください。「自分のことは自分で！」の精神も育ちます。

片づけでは「どんな風になっていたらいいか」、掃除では「どうしたら短い時間でキレイにできるか」をイメージすることが大切です。

【片づけの基本】

・床に物を置かない。物はカテゴリーごとに分類し、使い勝手のよい場所（定位置）を決めて収納する。

・収納量を定め、入りきらなくなった分は手放す。

・必要な物と不要な物を仕分け、不要な物は手放す。

・自分の服は自分でたたみ、種類ごとにキレイにしまう。

・ベッドや布団を整え、上に物を置かない。

### 子どの部屋のクロス壁も定期的にお掃除を！

子ども部屋の壁などによく用いられるビニールクロスは、手アカなどでけっこう汚れるので定期的にお掃除を。

最初にキビ草のホウキやハタキを上から下にはわせ、壁のホコリを掃《はら》います。手アカが気になるときには、中性洗剤を含ませたやわらかいブラシを用意。

まっすぐではなく、中心をぼかすように、やさしくこすります。最後に雑巾でなじませるように拭いて仕上げましょう。

・片づけ（物の移動）と同時にホコリ掃除をする（足の裏にホコリがつくと、歩くたびに部屋中にホコリが広がる）。

【掃除の基本】

・掃除は必ず窓を開け、道具をそろえてから始める（途中で探すと時間のロスな上、やる気がそがれることも）。
・掃除の順番は、上から下、奥から手前に。
・ハタキでホコリを掃《はら》ってから、拭き掃除をする順番で。
・掃除機をかけるときは、排気口を窓のほうに向け、掃除機のヘッドをしっかり床に付けて吸わせる。
・雑巾は必ず洗って乾かし、掃除道具は、元あった場所に戻す。

私は、片づけにしろ掃除にしろ段取りがすべてだと思っています。段取りとは、「片づけや掃除の具体的な手順を判断、決定すること」「それが実際に可能になるように調整しつつ実行すること」です。段取りをすることで、無駄なことをしなくてよくなりますし、時間管理もできるし、必要な道具をそろえる力もつきます。つまり、管理能力が育つのです。

**時間配分のコツ**

まずは、10〜15分で終わるような軽い汚れのところ（もしくは、狭い範囲のところ）からやりましょう。掃除は気力・体力・知力がいるので、いきなり時間がかかるところに手を付けるのはやめましょう。

「どうすれば最速・最短でキレイになるか」をイメージします。

そして、時計やタイマーなどで時間を区切り、その時間内で終わるように考えます。

頑張りすぎると、次にやるのが嫌になるので、「短時間でできること・場所」選びが重要です。

COLUMN

「お掃除のプロ」直伝！

# 掃除の常識・非常識

掃除の常識と言われていることの中には
「お掃除のプロ」から見れば
「そうじゃなくてね…」ということが多くあります。
ぜひお子さんと一緒に
楽しく学んでくださいね！

## フローリングよりカーペットを敷いたほうが、空気がキレイ

「カーペットはホコリをためる→ダニがいる」と、掃除の敵といわれがちですが、それは間違い！　別名「ダストポケット」といわれ、空気清浄機がわりになる優れものなのです。

カーペットの繊維はホコリを吸着させる性質があります。カーペットを敷けば、ホコリをキャッチして舞い上がらせず、部屋の空気がキレイになるというわけです。

## カーペットのお手入れに粘着テープを使わないで

粘着テープでは当然ながら、カーペット表面のゴミしか取れません。おまけにカーペット表面に粘着部分が残り、中のホコリとくっついて取れにくくなってしまいます。

おすすめは、穂先が良くくねっているキビ草のホウキ。腰が強くてよくしなり、穂先がカーペットの中のホコリをかき出してくれます。音もしないので、思い立ったときいつでもお掃除♪

## 晴れた日より雨上がりのときにベランダ掃除を

屋外になるベランダを掃除するなら、よく晴れた日！……ではなく、小雨、雨上がり、曇りなど湿度が高い日がおすすめです。

特に雨上がりのときは砂や土が湿り、風に飛ばされるホコリが少ないので、掃除した直後から砂ぼこりで汚されるなんてことがありません。

## 吸引力の強い掃除機は排気も強いので要注意！

大人気の吸引力の強い掃除機は、その分、排気もパワフル。ゴミの吸引と同時に強い排気力でホコリを舞い上がらせます。

たとえ高性能のフィルターを使っていても、ミクロのハウスダストはどうしてもすり抜けてしまうもの。その点を理解して必ず窓を開け、窓のほうに排気口を向けて掃除機を使用しましょう。

## 「12月の大掃除」に向かない場所

大掃除する個所の代名詞ともいえる「換気扇」。しかし、ほんとうに掃除しやすいシーズンは、油が溶けやすい夏です。大掃除時期の真冬は油が寒さで固まるために、夏の何倍も手間がかかります。

また、窓ガラス拭きは、湿気の多い梅雨時期が最適。わざわざ寒い12月に、手を凍えさせながら行う必要はありません。

## 思った以上に汚れている「床を水拭きしない」はNG

最近は「床は水拭きしないで」と言われることが多いそうですが、ぜひ水拭きを！　床は子どもが外から持ち込んだ砂や泥、手や足裏の皮脂、食べこぼし、ダニ、カビなどなど、汚れが満載です。しっかり絞った雑巾（飲食店のおしぼりくらいの水気）で、水拭きしましょう。洗剤を使うなら、アルカリ性か中性のキッチン洗剤をごくごく薄めて使用すると、二度拭きせずにすみますよ。

# おわりに

本書を最後までお読みいただき、ありがとうございます。

私が子どもの頃、片づけや掃除は家庭の中で教えられ・受け継がれるものでしたが、核家族化が進み、共働きが増え、いつの間にか、片づけや掃除をする親の姿を見る機会が減っていきました。

私は子育て中のお母さま向け講座を数多く担当してきましたが、「片づけや掃除をどう教えたらいいの？」という声もたくさん耳にしてきました。ハタキの存在すら知らない親御さんも大勢いらっしゃいました。それでも、講座の後に、ご家庭で一緒にやってみられたのでしょう。次の講座に参加された時にはなんと一歳のお子様でもハタキでホコリをはたいていたり、テーブルを拭いていたりしてビックリしたものです。もちろん完璧ではありませんが、親の姿を見て学習しているのだということを実感しました。

片づけも同じで、親が一緒にすることで、元あった場所に戻す・あきらかにゴミと分かる物は捨てる、などの基本的なことが、その子なりにできるようになっていく姿をたくさん見てきました。見様見真似でも幼い

頃からやっていれば、だんだんと自己管理能力もついてきます。

片づけも掃除も大切な生活習慣。身の回りを整える、ということは、生きていくための基本です（片づけと掃除は別々の家事で、片づけをしてから掃除をしたほうが効率的で時短にもなります）。本文でも書きましたが、優秀な学校を出て、立派な職業についていたとしても、片づけや掃除がまったくできないという方の部屋も多く見てきました。現代では家事代行サービスもありますから、お金で解決できるかもしれません。でも、わが子が、空気のよどんだ、散らかったままの部屋に住むのが平気な大人になってもいいのでしょうか？　片づけや掃除、この基本的な生活習慣は、子どものうちから身につけていれば一生モノの宝になるということをお伝えしたく本書を書きました。

お子さんでもわかりやすいように漫画を入れ、パパママ向けの解説も書いてみました。いつも気持ち良く暮らすために、親子で仲良く読んで楽しく実践していただけたら幸いです。

最後に、原稿のとりまとめに尽力してくださった河村ゆかりさん、素敵なイラストを描いてくれたササキサキコさん他、協力してくださった皆様に感謝申し上げます。

山口　由紀子

著者紹介

## 山口由紀子

室内環境改善コンサルタント。有限会社おそうじジョーズ代表取締役。きれいマイスター協会代表。福祉住環境コーディネーター２級資格取得。

福岡市生まれ。亡夫が福岡県久留米市で初となるハウスクリーニング業「おそうじジョーズ」を立ち上げ、45 年以上。訪問したお宅は約 10 万軒以上という実績をもとに、“片づけ”や“掃除”のプロ養成だけでなく、一般の人たちにもそのスキルを伝えている。

お客様からも要望の多い、子どもに教える片づけ方などの講座をベースに、本書では、小学校高学年くらいまでに最低限、身につけておきたい「片づけと掃除」という大切な生活習慣についてまとめた。

HP
http://yukiko-yamaguchi.com/

10 歳《さい》までに身《み》につけたい
子《こ》どもが一生困《いっしょうこま》らない 片《かた》づけ・そうじのコツ

2020 年 3月1日　第１刷

著　　者　山《やま》口《ぐち》由《ゆ》紀《き》子《こ》

発 行 者　小 澤 源 太 郎

責任編集　株式会社 プライム涌光

電話　編集部　03(3203)2850

発行所　株式会社 青春出版社

東京都新宿区若松町12番1号〒162-0056
振替番号　00190-7-98602
電話　営業部　03(3207)1916

印刷　大日本印刷　　製本　大口製本

万一、落丁、乱丁がありました節は、お取りかえします。

ISBN978-4-413-11320-5　C0077